다문화 박사의 '진짜' 다양성 이야기

다문화 박사의 '진짜' 다양성 이야기

초판 1쇄 발행   2022년 2월 15일
     2쇄 발행   2022년 11월 10일

지은이   조형숙
펴낸이   강수걸
기획실장   이수현
편집장   권경옥
편집   오해은 신지은 이선화 이소영 김소현 강나래
디자인   권문경 조은비
펴낸곳   산지니
등록   2005년 2월 7일 제333-3370000251002005000001호
주소   부산시 해운대구 수영강변대로 140 BCC 613호
전화   051-504-7070 | 팩스   051-507-7543
홈페이지   www.sanzinibook.com
전자우편   sanzini@sanzinibook.com
블로그   http://sanzinibook.tistory.com

ISBN   979-11-6861-004-0 03330

* 책값은 뒤표지에 있습니다.
* 잘못 만들어진 책은 구입처에서 교환해드립니다.

다문화가 뭐예요?

다문화 박사의
"진짜" 다양성 이야기

조형숙 지음

산지니

프롤로그

한국의 출산율이 낮아지고 있다. 2020년 11월 출생아의 숫자가 사망자의 숫자보다 적어서 인구 데드크로스 현상이 발생했다. 이제부터는 인구절벽이 시작되는 것이다. 일본은 2005년 인구 데드크로스 현상이 발생했다. 이때 인구절벽이 시작된 이후 결코 회복되지 않았고 일본의 경기가 반등될 때도 불황의 늪에서 빠져나오지 못하고 잃어버린 20년을 이어가고 있다.

우리는 다음과 같은 선택지를 앞두고 있다. 첫째는 감소하는 인구로 우리끼리 늙어가다가 조용히 사라지는 것이다. 이주민 포용정책을 사용하거나 선주민과 이주민의 사회통합을 외치거나 출산을 장려할 필요가 없다. 그냥 서서히 잘 늙어가면서 선망국(先亡國)의 아름다운 퇴장을 보여주는 것이다. 둘째는 '젊은' 인구를 충원시킬 방안을 모색해야 한다. 인구절벽을 막기 위해 우리는 다음 두 갈래 길 중 선택해야 한다. 출산율 정책과 외국인 정책이 그것이다.

지금까지 많은 예산을 투입하고도 출산율은 높아지지 않았다. 아이를 키우는 데 교육비가 많이 든다고 해서 사교육을 억제하고 공교육을 강화해왔다. 어떤 이는 '아이를 키우려면 교육비가 얼마나 많이 드는데 그런 소리를 하냐'고 화를 낼지도 모르지만 한국은 고등학교까지 학비를 무료로 하고 대학 등록금은 동결시키고 국가장학금 제도를 마련했다. 저소득층을 위한 지역아동센터와 교육 바우처 제도도 마련했다. 그러나 출산율은 높아지지 않았다.

육아지원 바우처 제도를 실시하고 어린이집에 아이를 맡길 수 있도록 정책을 마련하고 누리사업도 실시했고 아이돌봄제도 실시하지만 출산율은 높아지지 않았다. 어린이 보호구역을 만들고 소위 민식이법을 적용하고 아동친화도시와 여성친화도시를 지정하고 있지만 출산율은 높아지지 않았다. 아마 높아지지 않을 것이다.

나는 여성들이 아이를 키우는 것이 '힘들어서' 아이를 낳지 않는다고 생각하지 않는다. 본래 아이 키우는 것은 힘이 든다. 그런데 학교를 다니는 것도 힘들고 직장을 구하고 회사에 다니는 것도 힘이 든다. 그래도 대개는 학교를 다니며 공부를 하고 학위를 받고 역량을 키운다. 명문 대학이면 더욱 도움이 된다. 회사를 다니는 게 힘들지만 월급도 받고 승진도 하면서 열심히 일한다. 사극에서도 중전마마와 후궁들이 서로 아이를 낳으려고 난리도 그런 난리가 없지 않은가? 아들을 낳으면 자신의 사회적 지위가 탄탄해지기 때문이다. 그녀들도 목숨 걸고 아이를 낳고 힘들게 아이를 키운다. 사회적 동물인 인간이 자신이 속한 사회에서 사회적 지위가 높아지고 미래가 보장된다는 것은 매우 중요하다.

내가 아이를 낳고 아이를 키울 때를 돌이켜 생각해보았다. 내가 아들을 낳으니 시댁 어른들이 기뻐했다. 시누이들도 너무 좋아했고 첫아들을 낳았다고 나를 더 예뻐했다. 나(혹은 우리 부부)는 가족에게 '인정'을 받았다. 임신과 육아 기간 동안 나는 업무에서 S, A, B, C등급 중에서 거의 예외 없이 C를 받았고 성과급도 바닥이었다.

회사 일이 힘들어도 사람들은 취직하고 싶어 한다. 월급을 받고 성과급을 받고 승진을 할 수 있으니 사람들은 힘들어도 열심히 일한다. 인정을 받고 사회적 지위가 높아지기 때문이다. 그러니 출산율을 높이기 위해서는 월급을 더 주고 인센티브를 주고 승진을 시켜주어야 한다. 아이를 키우는 어려움을 마이너스(-)시키는 데 집중하기보다 지금의 젊은이들 입장에서 '인정받고 싶은 영역'에서 플러스(+) 무언가를 주어야 한다.

지하철 임산부 좌석, 육아휴직, 탄력근무제와 같은 마이너스 정책을 많이 써도 출산율 증가에 큰 효과는 없을 것이다. 지하철에서 핑크색 임산부 좌석에 앉고 싶어 아이 낳는 여성이 있을까? 10시 혹은 11시에 출근하는 탄력근무제를 하고 싶어서 아이 낳는 여성이 있을까? 고통을 덜어주는 정책만으로 여성들이 아이를 많이 낳을 것 같지는 않다.

채용 가산점, 특별 채용, 정규직 전환, 승진, 노후 연금과 같은 플러스(+) 정책이 있어야 한다는 말이다. 쉽지 않은 이야기다. 아이 한 명당 1~3년씩 휴직하면 아이를 2~3명 출산한 경우 3~10년을 출산 휴가와 육아휴직으로 공백이 생기는데 이런 직원의 월급을 올려주고 승진시키는 것을 사회적으로 합의하기는 그리 쉽지 않다. 언론사 기자로 근무하는 남편의 경우 젊은 시절에는 현장을 취재하고 기사를 작성하고 대장을 검토하는 등 업무량이 많아서 정말 고생을 많이 했다. 기자를 대체인력으로 단기일 내 뽑아서 단시일 내 연수를 마치고 투입한 뒤 해고시키기란 쉽지 않다. 회사는 그럴 인력도 여력도 없다. 그런데 이제는 부서의 직원이 남녀를 가리지 않고 육아휴직을 하니 늙은 선배가 그 일까지 하게 되었다. 누군가 육아휴직을 하기 위해서는 누군가는 희생하는 셈이다. 지난 몇 해를 팀장, 부장, 국장으로 근무하는 동안 육아휴직한 후배의 일까지 맡게 되면서 한숨을 몰아쉬었다.

"그냥 늙어서 연금을 조금 적게 받는 게 낫겠어. 아! 너무 힘들다."

정말 쉽지 않은 이야기다. 출산율 정책이 성공하기도 쉽지 않지만 성공한다고 해도 그 아이들이 경제활동인구로 진입할 때까지 키우는 데 숱한 예산이 들고 그사이 노인 인구도 부양해야 하는데 한국 사회가 여력이 있을지 의문이다.

그렇다면 인구를 충원시킬 방안은 국제이주를 통한 젊고 유능한 외국인 주민의 유입밖에 없다. 인구절벽의 시작점에서 어떤 선택을 할 것인가? 한 번도 성공한 적이 없는 출산율 정책에 천문학적 예산을 지속적으로 투입할 것인가? 외국인 정책에 강력한 드라이브를 걸 것인가?

  외국인 정책과 다문화 교육은 인구 구조와 밀접하게 관련되어 있다. 경제성장기 한국의 의욕 넘치는 젊은이가 선진국에서 선진기술을 배워 오거나 새로운 삶을 찾아 외국으로 이민을 떠났다. 이렇듯 유학, 해외 연수, 이민을 떠나고 외국과의 글로벌 네트워크를 구축하는 것이 국제화 개념과 조금 더 가깝다면, 우리 사회로 유입된 외국인 주민과 어떻게 함께 살아갈 것인가를 논의하려면 다문화 개념과 만나야 한다. 국제이주를 통해 경제활동이 가능한 인력을 유치하기 위해서 우리 사회는 다양한 노력이 필요하다. 그중 한 가지가 한국 사회로 유입하려는 외국인을 어떻게 스크린하여 사회적 편익을 최대화할 것인가에 관한 이민 정책과 관련된다. 나머지 한 가지는 이미 한국 사회로 유입된 외국인 주민을 어떻게 포용할 것인가에 관한 다문화 정책과 관련된다.

  나는 이 책을 통해 다양성이라는 관점에서 다문화 사회와 교육에 관한 나의 연구와 경험을 독자와 산책하듯 공유하고자 한다. 지금부터 ① 다문화 교육, ② 문화 다양성, ③ 인종 다양성, ④ 언어 다양성이라는 산책길을 이리저리 둘러보며 길을 안내할 것이다. 결코 가볍지 않은 주제지만 외국인 정책과 다문화 교육에 사회적 관심이 모아지기를 바라는 마음에서 에피소드 형식으로 구성하였고 관련된 이론을 풀어놓았다. 자투리 시간이 날 때 다문화-이중언어 교육을 전공한 필자가 들려주는 이주와 다양성 이야기에 잠시 귀 기울여주었으면 한다. 참고로 본문에 등장하는 모든 이름은 가명을 사용하였음을 밝혀둔다.

2021년 겨울 청주 서원대에서

차례

5   프롤로그

15   **1장 다문화 교육**
17   다문화 교육과 책무성
26   미국 학교와 경쟁
34   한국과 미국의 고등학교 진학
39   외로운 아이들
44   중도입국 학생을 위한 학교
50   다문화 학교는 어디로 갔을까?
55   모든 학생이 봉사활동을 해야 할까?
60   아시아계 학생은 똑똑하다고요?

69   **2장 문화 다양성**
71   인구절벽과 국제이주
75   '우리나라'를 지키는 훌륭한 한국인
79   내가 몰랐던 인도
88   협박편지와 문화 다양성
92   외국인 범죄와 편견
96   이주민의 정치참여
103   이민자의 미나리와 가야금
107   냄새와 문화

3장 인종 다양성

- 111
- 113 다문화주의와 인종
- 119 백인 혈통
- 126 이병헌과 인종주의
- 131 인종 차별을 걱정한다고요?
- 135 차별한 사람은 아무도 없어요
- 140 옐로 피부색
- 144 인종문제를 바라보는 백인과 유색인종의 관점
- 149 인종차별지도와 행복지도
- 155 "너는 아시아 사람이었니?"
- 160 인종과 의료보험
- 164 스타킹과 피부색
- 169 노예제를 통해 바라보는 역사교육

4장 언어 다양성

- 175
- 177 인종과 언어
- 182 전쟁 같은 '언어 배우기'
- 189 리멤버 노마 진(Norma Jean)
- 193 언어 차별과 언어 권리
- 198 제2 언어로 소통하기
- 202 푸에르토 리코와 제주도
- 209 왜 부모 나라의 말을 배워야 할까?
- 216 이민가정 첫째 아이의 역할

- 221 에필로그

1장
다문화 교육

다문화 교육과 책무성

2010년 나는 초등학생 아들과 함께 미국 플로리다로 향했다. 나는 교육학 박사공부를 하고 아들은 미국에서 학교를 다니면서 영어를 배우면 일석이조라는 생각으로 시작했지만 의도하지 않게 아들은 현지에서 영어를 못하는 아시아계 '다문화 학생'이 되었고 나는 '다문화 엄마'가 되면서 우리 모자는 '이민 다문화 가족'이 되었다.

'나는 한국인'이라는 생각만 가지고 있다가 학교에서 '다문화 가족'을 위한 상담을 받으러 오라는 연락을 받고 얼떨결에 상담을 받게 되었다. 이런 경험이 학위논문의 주제를 다문화 교육으로 잡는 계기가 됐다. 나는 이민자 문화와 다문화 교육에 대해 공부하는 한편 틈틈이 아들이 다니는 학교에서 수업을 참관하고 학부모 모임에 참석하면서 이론과 현장을 연계시킬 수 있었다.

아들은 미국에서 중학교를 졸업하고 귀국했지만 학년 편제가 달라 중학교 3학년은 편입한 한국의 중학교에서 다녔다. 한국의 교사들에게 가장 많이 들었던 말은 '로마에 오면 로마법을 따라라'와 '여기는 한국이니까 외국에서 있었던 일들은 싹 잊으라'는 것이다. 아이는 자신의 행동 특성과 독특한 경험을 부정하는 교사들의 동화주의(Assimilationism)에서 '문화적 폭력'을 느꼈다.

이런 동화주의적 접근법의 역사는 다문화 교육이 정착한 미주지역과 상호문화교육이 정착한 유럽에서도 오랜 역사를 가진다. 미국은 1965년 이민법 개정으로 유색인종 이민자를 받아들였다. 또한 1967년 그동안 금지되었던 백인과 유색인종 간 결혼도 합법화시키면서 다인종 다문화 정책은 획기적인 전환기를 맞이했다. 이에 발맞추어 이민자 문화와 흑인 문화를 존중하는 다문화 교육이 학교 현장에 서서히 정착하기 시작했다. 그 단적인 사례가 학교에서 사용하는 백인 영어(White English)로 진행되는 교과를 잘 배우기 위해서는 가정에서도 영어로 소통하기를 권장하던 기존의 언어정책을 철회한 것이다. 외국에서 이민을 온 가족이 영어로 서로 의사소통할 수도 없고, 본국어를 사용하여 서로 의사소통이 되는데 굳이 영어를 사용할 필요도 없기 때문에 처음부터 불가능한 정책이었던 것이다. 본국어를 포기하고 영어를 사용하도록 유도하던 영어 기반 단일언어주의(Monolingualism) 정책을 포기한 것이다.

다른 문화권에서 이주한 학생들은 문화충격을 경험하게 되고 새로운 문화에 적응할 시간이 필요하다. 미국의 교사는 이 점을 잘 이해하는 편이고 학생의 행동이 문화적 차이에 기인한 행동 방식일 수 있음을 고려한다. 문화 다양성을 교육

패러다임에 반영하여 다른 언어, 다른 종교 및 다른 문화를 비난하거나 동화주의적 관점으로 교정하려 들지 않는다. 생활지도 측면에서는, 문화적 배려 없이 다문화 학생을 섣부르게 지도하다가는 인종차별과 아동학대 등으로 간주되어 교직을 유지하기 어렵기 때문에 매우 섬세하고 조심스럽게 접근한다.

아들이 편입한 한국의 중학교에도 다문화 학생이 재학 중이었다. 물론 아들은 국제결혼가정의 자녀도 아니고 외국인가정 자녀도 아니었기 때문에 교육부 기준의 다문화 학생 범주에 속하지는 않았다.

"아디시(인도네시아계 외국인 학생)는 한국말을 모르니까 수업을 못 알아듣고 성적도 낮다."

"김 앤드류(미국 태생 귀국학생)는 한국말이 안 되니까 결국 다시 미국으로 갔다."

이런 말을 교사에게 듣기도 했다. 한국어 공부와 교과 학습을 도와줄 책무가 교사에게 있다는 점을 인지하지 못하고 적응하느라 힘겨운 학생에게 책임을 전가한 것이다. 이를 '희생자 비난하기(Victim Blaming)'라고 한다. 아들은 '스르륵', '영세상인', '사색적'과 같은 단어의 뜻을 몰라 어려움을 겪었다.

지금은 대학에 다니는 아들과 저녁을 먹으면서 나누었던 대화다.

"나무에 가지가 많으면 바람이 많아요? 옛날 사람들이 했던 말 있잖아요?"

"속담 말하는 거니?"

"예, 속담인 거 같아요. 나뭇가지가 많아서 바람도 많은데 그게 걱정이 되는…."

"가지 많은 나무에 바람 잘 날 없다 그 속담 말이니?"

"오! 맞아요! 맞아."

지금도 가끔 문화적 배경 설명이 들어가야 하는 표현은 설명해주거나 검색하도록 안내해야 한다. 처음 한국 중학교에 편입했을 때는 기본적인 소통을 위한 입말(Spoken Language)에는 문제가 없었지만 학교 공부를 따라가기 위한 문자 언어는 꽤나 어려워했다. 한국에서 첫 중간고사를 친 후 시험지에 적힌 글자는 모두 읽을 수 있었지만 문제가 무슨 뜻인지 이해하기 어려웠다고 한다.

"외국인인 아디시는 한국말을 몰라도 배우려고 노력하는데 너는 한국 사람이면서 왜 그러냐?"

학교의 선생님으로부터 그런 질책을 받기도 했다.

문화 다양성이 다문화 교육의 근본정신이라고 한다면, 교사의 책무성(Teacher Accountability)을 강조하는 것은 미국 교육정책의 핵심이라고 할 수 있다. 미국은 출산율이 높지 않아도 이민 정책으로 끊임없이 인구가 증가하고 있다. 이민자녀를 잘 교육시켜 '시민'으로서의 정체성을 갖도록 하는 것이 국가적 과제인 셈이다. 미국은 교사의 사회적 지위가 높지 않고 이직률이 높은 반면, 교사가 학생 위에 군림하는 정도가 상대적으로 낮은 것으로 느껴졌다. 교사는 학생을 체벌할 수 없고 다른 학생과 비교하는 것을 연방법으로 금지하고 있다. 이주배경 청소년들에게 주류의 가치관에 맞추라고 강요하지 않고 정착할 수 있도록 도와주는 것, 그것은 교사의 책무라고 규정하고 있다. 다문화 교육의 관점에서 보자면 학습부진과 부적응은 학생의 탓이 아니라 학교의 교육역량에 적신호가 켜진 것이다.

그렇다면 미국 교사들은 어떻게 더 많은 책임을 지고 학생을 덜 비난하는 교육철학을 받아들이게 되었을까? 과거의 정책적 오류를 벗어나, 동화주의 입장을 철회하고 문화 다양성을 교사교육에 적극 반영한 교육과정 개혁의 결과이다. 미국의 예비교사들은 다문화-다언어(Multicultural & Multilingual) 교육에 관한 강의를 학부과정에서 이수하는 비율이 높아지고 있다. 아시아계 이민자와 멕시코 등 남미계 주민이 많아 인종 다양성이 높은 캘리포니아 같은 주(州)에서는 필수과목으로 지정돼 있다. 우수한 교원이라 해도 준비가 부족하면 학교 현장에서 교사의 책임을 학생에게 전가하고 학생을 비난하는 오류를 범할 수 있다. 다문화 사회로 진입하고 있는 한국도 초등교원을 양성하는 교육대학부터 다문화 교육을 강화할 필요가 있다.

중간고사를 친 후, 나와 아들은 담임교사뿐 아니라 아이가 어려워하는 한문, 국어, 사회 과목의 교과를 맡고 있는 선생님과 면담을 하고 도움을 요청했다. 면담을 요청하면 관심을 가지고 아이를 관찰하고 신경 써서 도와준다는 것을 느꼈다. 어려운 단어는 눈을 쳐다보고 또박또박 발음하면서 판서를 병행해주었다. 개념을 설명할 때 이주배경으로 언어적 어려움이 있는 학습자를 배려하는 교수법을 고민하는 것 같았다. 또한 미국에서 실전 영어를 배웠지만 한국의 중학교에서 가르치는 영어 문법과 쓰기는 여전히 모자라 영어 교사의 도움이 많이 필요했다.

미국 초등학교를 졸업하면서 영재로 판정받은 후에는 영재반(Gifted Class)에 소속되어 있어서 점심식사와 체육 등을 제외하고는 소위 '공부를 못하는' 학생과는 만날 일이 드물었다. 100명에 가까운 영재반 트랙 학생 중 흑인은 단 한 명이었다.

"링컨중학교 라이세움(Lyceum) 영재반 친구들은 다들 공부를 잘하는 백인이나 아시아계 학생만 있으니까 놀아도 프로젝트 준비 어떻게 할 거냐, 그런 이야기 하고 놀았어요. 농담도 영어 라임(Rhyme)을 넣고 비유법을 섞어 재미있게 하니까 배울 게 많았어요."

"미국 중학교가 그리운가 보구나."

"한국 학교는 공부 수준이 낮으니까 따로 학원을 다녀

야 할 것 같아요."

　　　전 세계에서 가장 공부를 잘하는 것으로 소문난 한국의 중학교를 다니면서 공부 수준이 낮다는 말을 들을 줄은 꿈에도 생각하지 못했다. 그것도 대도시 부산의 아파트촌 인근에 있는 중학교였는데 말이다.

　　　"학원을 다니면 학원비도 들고, 학교 선생님만큼 실력이 있을까?"

　　　"한국 학교는 재미있고 친구들이랑 서로 잘 통하는데 수업시간에는 애들이 맨날 떠들고 공부 수준이 낮으니까 실제로 배우는 게 없어요. 재미로 학교에 다니는 거예요. 플립드 러닝(Flipped Learning, 거꾸로 교실)으로 진행하는 과학 수업에서 나만 미리 예습을 해 와요."

　　　"재미있다니 다행이지만…. 음, 그럼 과학 수업시간에는 어떻게 진행되지?"

　　　"드라마틱해요. 그런데도 선생님이 그 방법을 계속하는 걸 보면 중학생 대상 플립드 러닝 과학 수업 뭐 이런 주제로 석·박사 논문을 쓰는 것 같아요."

　　　"…."

　　　연구 논문을 쓰던 엄마랑 같이 지내면서 아들은 눈치도 백단이 되었다.

　　　미국 학교에는 학생들의 피부색도 다르고 종교도 다양하고 언어도 가지각색이다. 미국에서는 백인 기득권 집단에 대한 저항에서 시작된 다문화 교육이 정착하고 있지만 아직도 은연중에 앵글로 색슨계 백인이 우월한 것으로 여겨지고, 기독교가 우월한 것으로 간주되고, 백인 영어가 우월한 것으로 간주된다. 비원어민 말투의 이민자 영어를 구사하는 아시아계 학생들은 문화 인종적 열등감에 시달리기 쉽다. 그런 상황에서 한국으로 돌아오니 생소한 환경에도 불구하고 신나게 한국 학교에 다녔다.

"난 우리 학교가 좋아."

5년 만에 귀국한 아들은 미국 학교보다 한국 학교가 더 좋고 마음이 편하다는 것이다. 지금도 당시 중학교 친구들과 가장 친하게 지낸다. 같은 인종, 같은 모국어를 사용하는 친구가 주는 편안함이 있는 것이다.

전 지구적인 인구이동으로 인해 다문화 학생 수는 매년 증가하고 있다. 미국을 비롯한 OECD 회원국은 동화주의 정책보다는 문화 다양성을 인정하고 교사로서의 책무성을 받아들이려고 한다. 문화 인종적으로 다양한 학생에 대한 섬세한 배려는 교육의 수준을 높였고 고급인력이 안심하고 이주하는 계기가 된다. 아무리 부자나라에서 높은 연봉을 받는다고 해도 자녀가 학교에서 차별받거나 공립학교 수준이 낮아서 학비가 비싼 국제학교나 사립학교에 보내야 한다면 글로벌 인재가 모여들 수 없다. 그래서 다문화 학생을 차별하거나 시혜적 관점에서 정책을 수립하기보다 인권과 교육 평등과 수월성(秀越性) 교육의 가치를 모두 고려해야 한다. 이제 한국의 초·중등 교사들도 다문화 사회를 준비했으면 한다. 좀 더 섬세하고 좀 더 조심스럽게 말이다.

미국 학교와 경쟁

아들을 미국 초등학교와 중학교에 보내면서 마음에 드는 것 중 하나는 경쟁보다 협력 관점에서 학습을 유도한다는 점이다. 한국에선 학습 정도를 점수로 환산하고 그 점수를 근거로 학생을 서열화하는 경향이 강했다. 이런 문화에 익숙한 채 미국에 오면 자기 수준에 맞춰 차근차근 배우는 개별화 학습이 보편화되어 있는, 학교의 덜 경쟁적인 모습이 무척 편안하게 느껴졌다.

한국은 세계에서 학업 성취도가 가장 높아 오바마 전 대통령도 부러워한 것으로 유명하다. 그러나 한국인 중에는 미국 교육을 부러워해서 미국으로 이주를 고민하는 부모들이 꽤 많았다. 덜 경쟁적이고 덜 간섭하고 더 관용적이고 교사는 더 친절하다고 생각하기 때문이다.

몇 해 전 아들과 친하게 지내는 토마스라는 아이의 부모와 함께 저녁을 먹다가 미국 교육에 대한 만족도가 상반된다는 것을 알게 됐다. 토마스의 부모는 국비 장학생으로 미국으로 온 칠레 유학생 부부다. 아이가 문제를 빨리 풀거나 정답을 말하면 교사는 스티커를 줘서 칭찬하고, 이렇게 모은 스티커로 나중에 자기가 원하는 선물을 고르게 하였다는 것이다. 나 역시 아이를 키울 때 학교에 같이 근무하던 선생님에게 스티커 비법을 권유받았다.

"남 선생님, 유치원생인 아이가 지속적으로 공부할 수 있도록 하는 좋은 방법이 있나요? 아니면 좋은 교재가 있을까요?"
"유치원생이나 초등학생 아이를 동기 유발시켜 학습지를 매일 꾸준히 진도 나가게 하려면 스티커가 최고예요."
"그런가요? 선생님 아이들에게도 써보셨어요?"
"그럼요. 학습지를 하루 분량만큼 하면 스티커를 주고 연이어 3~4일간 성공적일 경우 보너스 스티커도 줍니다. 스티커 10개를 모으면 유희왕 카드나 원하는 문구류를 살 수 있도록 해줘요. 스티커 비법을 쓰면 매일 자기주도적 학습을 할 수 있도록 해줘요."

나는 이런 이야기를 듣고 실제 아들에게 적용해보았더니 꽤나 효과가 좋았다. 교육 심리학 과목에서 배운 행동주의 심리학이 근거가 없는 게 아니구나 싶었다. 행동주의 심리학은 자극에 대한 반응에 기초를 두고 동기를 유발하기 위해 스티커와 같은 긍정적 강화물을 사용하여 원하는 반응을 끌어낼 수 있다고 본다. 또한 아동이 나쁜 행동을 할 경우, 긍정적 강화물을 주지 않거나 처벌을 함으로써 나쁜 행동을 소거시킬 수 있다고 믿는다. 후일 이 행동주의 심리학은 학습자의 내재적 동기를 중시하지 않고 선물과 같은 외부요인을 중시하고 있어 인지주의 심리학의 비판을 받았다. 하지만 오늘날에도 널리 사용되고 있으며 나 역시 아들을 키우면서 그 효과를 톡톡히 보았다.

학교에서 스티커를 주고 나중에 스티커를 모아 선물을 고르게 하는 것을 나는 행동주의 심리학에 바탕을 둔 전형적인 동기유발 방법이라고 생각했을 뿐인데 토마스 부모의 생각은 달랐다. 그들은 미국 학교가 스티커를 많이 모은 아이에게 선물을 고르도록 하였고 이런 식으로 자본주의 사회의 화폐 개념을 가르치는 미국 학교에 대해 분노했다. 그 부부는 토마스를 그런 식으로 길들이기를 하지 말라고 학교에 강력하게 항의했다.

"칠레에서 교사는 보모이자 조력자예요. 학생의 정서 발달과 학습을 위해 철저하게 봉사하고 헌신해야 해요. 기분 나쁜 표정으로 노려보거나 아이를 불편하게 하거나 화를 내면 처벌을 받아요."

"그래요?"

내가 되물었다.

"예. 미국 교사는 아이가 잘못하면 화난 표정을 짓고 야단치더라고요. 아이를 돌보는 게 자기 본분이라는 걸 모르는 거 같아요."

나는 대화를 통해 한국과 비교해서 칠레 교사의 사회적 지위가 낮다는 인상을 받았다. 그들은 미국 학교가 아이들에게 경쟁을 부추기고 자본주의를 당연한 것으로 가르친다고 불만을 토로했다. 공부를 못해 문제를 빨리 풀지 못하면 스티커를 못 받고 그 때문에 차별당해도 된다는 법이 어디 있느냐고 되물었다. 이런 경쟁 시스템 속에서 아이들이 자랐으니 미국 사회가 냉정하고 고독한 경제 동물로 가득 차 있다고 덧붙였다. 나는 경쟁 시스템 속에서 '선의의 경쟁은 좋은 것' 내지는 '선의의 경쟁은 어쩔 수 없는 당연한 것'으로 받아들였다는 것을 깨달았다. '입시 위주의 경쟁적 교육'의 문제를 지적하는 논의가 많았지만 그것을 상투적인 문구로만 생각했던 것이다.

토마스 엄마는 인디오 토착어, 남미 스페인어와 영어를 능숙하게 구사하는 언어학 전공자이고 토마스 아빠는 남미의 여러 악기를 연주하며 음악교육 박사과정에서 공부하고 있었다. 아이들과 함께 여러 언어로 대화를 하고 노래하며 악기를 연주하는 모습을 자주 볼 수 있었다. 토마스 엄마는 아이가 공부할 분량이 너무 많아 여가 시간이 부족하다고 불만스러워했다. 한 아시아계 부모가 자기 아이는 스티커를 받는 것을 좋아하고 그래서 공부하는 것을 좋아하니 공부를 많이 시켜달라고 학교에 요구하는 것을 보고 놀랐다고 한다.

"경쟁이 온몸에 밴 사람을 보면 그 아시아계 부모가 떠올라요. 그냥 경쟁하기 위해 사는 거 같아요."

관점이 달라지니 미국 교육에 대한 평가가 달라졌다. 미국 학교에 만족스러워하던 한국 엄마로서 칠레 부모의 걱정을 들으며 신선한 충격을 받았다. 문화권마다 교사의 사회적 지위가 다르다는 것을 막연하게나마 느낄 수 있었다. 더하여 '경쟁적이다', '덜 경쟁적이다'는 판단 기준도 자신이 익숙한 문화가 기준이 된다는 것도 알 수 있었다. 스티커 비법을 전수받아 효과를 실감한 엄마로서 여러 가지 생각이 들었다.

'경쟁은 정말 어쩔 수 없는 것일까?'

'도대체 어디까지가 경쟁이고 어디까지가 동기 유발인 것일까?'

한국도 출산율이 높고 학생 수가 많던 시절에는 교과 중심 교육과정을 채택하여 학교에서 교과 내용을 학습하는 것을 중시했고 교육 방법은 교사는 강의하고 학습자는 듣고 암기하는 방식이었다. 학령인구 규모가 큰 상황에서 교사는 우수한 학생은 이끌고 가고, 수업 내용을 잘 따라오지 못하는 학생을 포기해야만 했다. 학령인구가 많아 학교 교실은 콩나물시루처럼 빼곡히 학생을 유치해야 했고 교과를 잘 따라오지 못하는 학생을 포기해도 국가 경쟁력에 큰 타격이 없었던 것이다. 공부를 잘 시켜서 명문대학에 몇 명의 학생을 합격시켰는지 교문에 플래카드로 내걸었다.

늦은 밤까지 야간 자율학습을 하는 광경은 전 세계인

의 놀라움을 자아내며 뉴스거리가 되었다. OECD 회원국의 교육 현황 파악을 위한 도구인 국제학업성취도평가(PISA)에서 한국의 성취는 돋보였고, 한국 학습자의 행복지수는 매우 낮았다.

점차 한국의 교육 패러다임이 바뀌어 교육과정에서 학습량을 적정화하고* 학습자의 꿈과 끼를 살릴 수 있도록 자유학년제를 실시하여 1년간 중간고사, 기말고사 등의 평가를 없애고 활동 중심으로 다양한 탐색을 할 수 있는 길을 열었다. 국·영·수 등 공통과목 이외에 '웹툰 초급반', '극지해양학', 'UCC 만들기 과정', '사진의 이해'와 같은 과목을 개설할 수 있도록 고교학점제를 도입하고 진로교육을 강화하고 있다. 자사고와 특목고 등을 점차 폐지하거나 축소하고 수월성 교육**보다는 학습자 맞춤식 교육과 부진아에 대한 지원을 강화하여 기초학력을 보장하는 방향으로 나아가고 있다.

한국의 PISA(학업성취도 국제비교연구) 결과는 여전히 우수하다. 그러나 핀란드와 함께 전 세계 최고 성취도를 보이던 때와 비교하면 점차 하락세를 보이고 있다. OECD가 발표한 2018 PISA의 결과를 보면 중국이 읽기, 수학, 과학 모두에서 최고점을 받았다. 싱가포르와 마카오가 그 뒤를 이었다. 한국은 읽기, 수학, 과학에서 중국에 이미 뒤처지고 있을 뿐 아니

---

* 학습량의 적정화란 공부할 분량을 줄인다는 의미로 사용된다.
** 수월성(秀越性) 교육이란 우수한 학습자를 위한 교육 혹은 영재교육의 의미로 사용된다.

라, 수학과 과학 영역에서 일본에 밀려나고 있는 상황이다. 중국이나 일본과 이런 식으로 비교를 하는 것은 교육적으로 좋지 못하다는 의견도 있을 수 있으나, PISA는 국제비교를 위해 설계된 지표다. 어쨌든 한국 교육에서 경쟁은 줄었고 국가 경쟁력도 떨어지고 있다. 이는 가까운 미래에 한국의 성장 동력에 영향을 미치게 될 것이다.

그러나 학업 성취율이 떨어지면서 한국 학습자의 행복지수 상승률은 세계 최고치를 보였다. 교과 교육을 줄이고 학습량을 줄이니 학교가 점차 즐거운 곳으로 변화하는 대신 기초학력 미달 학생이 증가하고 학업성취도는 하락하는 결과를 보인 것이다. 여러 해 전에 〈행복은 성적순이 아니잖아요〉와 〈여고괴담〉 시리즈, 그리고 주어진 시간 내에 정답을 맞히지 않으면 죽음을 피할 수 없다는 설정을 가진 〈피의 중간고사〉와 같은 영화가 한국을 휩쓸고 갔다면 이제 중국에는 입시지옥을 담은 〈소년시절의 나〉와 같은 영화가 등장하고 있다.

한국보다는 경쟁이 덜한 것처럼 느껴졌던 미국 교육 환경에서 혁신과 초격차 테크놀로지가 발달할 수 있는 이유는 무엇일까? 사회문화적 측면에서 보자면, 연구 생태계가 갖춰져 있고 가족이 미국으로 이주하면 경제적으로 풍족하게 살 수 있어 세계적인 인재가 모여들기 때문이다. 중국은 이를 따라잡기 위해 과거 한국과 같이 학교는 경쟁체제로 돌입했고 유학, 연수, 국제 원조(ODA), 글로벌 네트워킹, '천인 계획'과 같은 연구비 지원, 스파이 전략*까지 가용할 수 있는 모든 글로벌 전략을 통해 일대일로를 추진하고 있다. 이제 한국은 과거의 교육 패러다임으로 회귀할 수 없다. 미래 비전을 진지하게 고민할 때가 온 것 같다.

---

* 2020년 미국은 텍사스 주의 휴스턴에 있던 중국의 총영사관을 스파이 혐의로 폐쇄한다는 결정을 내렸다. 미국의 군사력과 기술력을 따라잡기 위해 중국계 유학생과 이민자 등을 통해 과학기술과 군사기밀을 빼내고 기술력을 가진 기업을 통째로 사는 기업사냥이 도를 넘고 있다는 판단에 따른 조치였다. 이에 대응하여 중국은 청두에 있는 미국 총영사관을 폐쇄조치하였다.
중국은 세계 각국에서 730여 개에 달하는 '공자학원'을 통해 적극적 '공자외교'를 펼쳤지만 해당 국가에서 인권문제를 촉발시켰고 과학기술을 빼내려고 한다는 조사결과에 따라 미국, 캐나다, 스웨덴 등에서 서서히 퇴출당했다. 유럽의 친중국 교두보인 이탈리아는 중국의 일대일로에서 빠져나오겠다고 선언하는 등 세계 여러 곳에서 반중감정은 커지고 있다. 2013년 언론 재벌 머독 회장이 중국계 아내와 이혼을 결심한 계기가 아내가 중국에서 훈련받은 스파이라는 사실 때문이라고 밝혔으며, 2021년 빌 게이츠 부부의 이혼도 스파이 혐의를 받는 중국계 통역사와 관련이 있다는 의혹이 일기도 했다. 미국과 서방세계에서 중국계 스파이에 관한 의혹은 지속적으로 뉴스거리가 되고 있다.

한국과 미국의
고등학교 진학

미국에서 초등학교를 졸업한 아들이 중학교에 입학하고 중학교 8학년이 되면서 고등학교 진학을 앞두게 되었을 때 가정통신문을 받았다. 현지 교육청 진학담당자가 중학교를 돌면서 고등학교 진학설명회를 개최할 예정이니 학부모는 참석하라는 내용이었다. 가정통신문을 받아 들고 얼떨결에 학교를 찾았다. 학교의 상담교사와 교육청 진학담당자가 어떤 고등학교에 어떤 프로그램이 있는지 자료집을 나눠주며 파워포인트로 설명하고 공개 질의응답 시간과 개별 상담으로 진행됐다.

한국에서는 일반계 고등학교와 특성화 고등학교를 같이 운영하는 학교가 없는 반면 내가 살았던 플로리다주의 알라추아 교육청에 소속된 고등학교는 일반계 고등학교 프로그램은 기본적으로 다 갖추고 있었다. 여기에 요리사 과정, 자동차 수리공 과정, 예비교사 과정, 예비 의료인 과정, 캠브리지대학과 연계된 우수 학생반(Cambridge Program), 국제 바칼로레아 과정(IB 과정) 등을 1~3개씩 추가적으로 운영한다고 보면 된다. 한 학교 안에 일반계 고등학교, 특성화 고등학교, 특수

목적 고등학교가 모두 있는 셈이다. 같은 학교를 다녀도 등록한 프로그램이 다르면 다른 교육과정을 이수하고 서로 만나기도 어렵다.

알라추아 교육청에서 교과 성적이 가장 우수한 학생들은 캠브리지 프로그램과 IB 과정으로 진학한다. 중학교 내신 성적이 4.0 만점에 3.8 이상의 학점과 플로리다 일제고사에서 과목마다 상위 8% 이내에 들어야 이 프로그램에 합격할 수 있다. 특히 IB 과정의 입결이 높아 합격하기 더욱 어려운 것으로 알려져 있다. 미국 학부모들도 자녀의 고교 진학에 사뭇 진지한 표정이라 그 열기에 압도당한 채 집으로 돌아왔다. 아들은 한국에서 자라다가 이민을 경험한 다문화 학생이고 또래 친구들과 비교하여 영어 성적이 낮아 마음에 걸렸다.

흔히 미국은 학과공부는 소홀히 하고 봉사활동, 스포츠, 음악 등 예체능 교육을 특히 열심히 하는 것으로 알려져 있는데 이는 오산이다. 교과공부를 포함하여 그 모든 것을 성실하게 이수해서 기본 소양을 갖추고 자신이 좋아하는 분야에서 특기를 살려야 고등학교와 대학 입시에서 결실을 거둘 수 있다. 한국의 특수목적고등학교와 입학사정관제로 선발하는 학생부종합전형을 준비하는 것과 유사하다.

한국과 달리 공부를 조금만 해도 쉽게 A학점을 받을 수 있기 때문에 문제가 될 것이 없다는 말을 믿으면 안 된다. 아시아계 이민자녀는 미국 학교에서 두각을 나타낸다는 언론의 보도를 믿고 준비 없이 시간을 낭비하면 곤란하다. 미국에서도 우수한 프로그램에 입학하는 것은 한국의 특목고 전쟁에 비견될 만하다. 중학생이던 아들도 학교 수업에 더하여, 봉사활동, 수학 올림피아드 준비, 동아리 활동, 과학경시대회 준비, 학생회 활동, 스포츠클럽 활동과 매 과목마다 숙제가 있어 그다지 여유롭지는 않았다. 가만히 놔두면 자동으로 학군에 위치한 일반계 고등학교에 등록이 되겠지만 아이를 좋은 프로그램에 보내려고 생각하는 부모들은 아이와 함께 차근차근 준비해야 한다. 한국이나 미국이나 교과와 비교과 스펙을 준비하며 부모 입장에서 가슴 조이는 것은 비슷하다.

미주지역은 유색인종 차별이 여전하다는데 그곳에서 아시아계 이민자는 어떻게 집을 사고 자본을 모아 빠르게 중산층으로 진입하고 자녀교육에 올인해서 자녀 세대의 평균학력이 높고 소득수준도 높아지는지 궁금해진다. 흑인에 비해서 아시아계 이민자는 차별을 덜 받는 것은 아닌가 그런 궁금증이 일기도 한다.

여러 가지 분석이 있겠지만, 이민자 집단의 문화적 특성에서 약간의 해답을 찾을 수 있겠다. 멕시코계 이민자 중에는 오렌지 수확 철에는 플로리다에서 일하고 다시 가족을 이끌고 블루베리 농장으로 넘어가서 블루베리를 따고 목화 시즌에는 또 다른 지역으로 이주하는 계절 이주 노동자도 많다. 캠핑카 혹은 트레일러에 살면서 서너 달 간격으로 이동한다. 이런 계절 이주 노동자의 자녀는 한곳에 머물지 못하고 서너 달 간격으로 학교를 옮겨 다닐 수밖에 없으니 교우관계를 형성하기도 어렵고 영어 발달도 더디고 교과 성적도 낮다.

19세기 중국인(광둥지역 중국인)은 캘리포니아에 철도 노동자로 이주했다. 20세기 초 조선인과 일본인은 하와이로 농업 이민을 떠나기도 했다. 요즘 아시아인, 특히 동북아시아 사람들이 농업이민이나 계절 이주 노동자로 살기 위해 미주지역을 선택하지는 않는다. 아시아계 이주민은 고학력자 비율이 높고 세탁소, 주유소, 가발상점, 레스토랑, 마트 등을 운영할 정도의 자산을 보유하고 이주한다. 또한 석·박사 유학생, 첨단 과학 기술자, 박사학위를 가진 연구원과 방문 학자 등 인지적 역량이 증명된 중산층 사람들이 미주지역으로 이주한다. 즉, 미국 이민국은 고학력에 범죄경력이 없는 중산층의 건강하고 젊고 똑똑한 아시아계 인재와 그 가족에게만 비자를 발급하고 그들만 미주지역 입국에 성공한다. 그러니 그런 가정에서 자란 아시아계 자녀들이 학업에서 성취도가 높은 것은 유전적으로 확률이 높고 환경적으로 당연한 결과일지 모른다.

나의 아들이 다니던 중학교의 영재반 프로그램과 고등학교의 IB 과정에 등록된 아시아계 학생의 부모들은 박사급 연구원과 대학교수가 많았다. 아시아계가 똑똑한 것이 아니라, 똑똑한 아시아 사람 중 투자이민, 기술이민, 고학력 연구자 위주로 미주지역에 진입할 수 있었고 그들은 자녀 세대의 교육에 투자하고 있었던 것이다. 국가의 미래 비전을 위해 고학력 과학기술 보유자를 유치하기 위한 전략이 필요한 이유다.

한국의 외국인 정책은 현재 단순 기능인력 중심으로 진행되고 있다. 외국인 노동자 중 단순 기능인력에게 발급되는 E-9 비자를 소지한 외국인은 가족결합권이 없다. 즉, 가족을 한국으로 데려오지 못한다는 말이다. 가족과 생이별을 감내하고 한국에서 일해서 번 돈을 본국의 가족에게 송금하는 것이다. 한국은 UN으로부터 인권 차원에서 외국인 노동자의 가족결합권을 허용하라는 지적을 여러 차례 받은 바 있다. 그러나 가족결합권을 인정하여 외국인 노동자의 가족이 한국으로 올 경우, 그들의 생산성이 한국 경제에 기여하는 정도(한 달 약 200~400만 원)보다 자녀를 위한 한국어 교육과 공교육비(자녀 한 명당 매달 약 100~200만 원) 및 가족의 의료보험과 복지비용이 더 필요할지 모른다는 우려가 있다. 이런 우려는 과장된 것이 아니다.

자칫 심각한 인권문제로 비화되거나 사회적 편익은 적고 사회복지비용이 큰 구조가 되기 전에 정책적 준비가 필요하다. 투자이민자, 고학력 기술자와 재능있는 외국인 주민을 유치하고 그들이 자녀세대를 위해 교육적 투자를 아끼지 않고 한국의 미래를 이끌어나갈 수 있는 가족으로 뿌리내릴 수 있는 선순환 구조를 만들어야 할 것이다. 이를 위해 학교 현장에서는 이주민의 자녀를 위한 교육을 준비해야 할 것이다.

외로운 아이들

2015년 나는 박사공부를 마치고 가족과 함께 한국으로 귀국했다. 시기적으로 내가 지원할 수 있는 대학은 거의 없었다. 시간강사 자리도 쉽지 않았다. 고학력 취업준비생이 되었다.

나는 박사논문을 위해 리서치를 진행했던 다문화 학교 중 한 곳을 찾아갔고 그곳에서 한 학기 동안 근무했다. 그곳에는 외국 국적의 중도입국 청소년과 한국 국적의 귀국학생 등 약 20~30명이 공부하고 있었다. 그 아이들은 집 인근에 있는 초등학교와 중학교에 학적을 만들어 원적을 두고 위탁교육기관인 다문화 대안학교를 다니고 있었던 것이다. 그 학교는 교육청으로부터 학력을 인정받는 위탁교육기관이기 때문에 중도입국 학생에게 초·중학교 교육과정을 준수하면서 한국어를 가르치고 있었다.

한국어와 공통 교육과정을 가르치며 한국생활과 한국 학교 적응을 돕고 보통 1~4학기 후에는 원적학교로 보내 한국 학생과 같이 공부하도록 돕는다. 나는 대학을 졸업하면서 영어 정교사 자격증을 받았고 2005년에 외국인을 위한 한국어교원 과정을 이수했고 고등학교에 근무하는 동안 진로 상담부에서 위탁교육생 관리와 상담을 맡은 경험이 있었다. 한국으로 귀국한 후 법무부에서 실시하는 이민자 조기적응 프로그램 강사 자격도 이수했다. 다문화 학교에서는 중도입국 학생 적응지원업무를 맡고 영어과목과 한국어를 가르치기로 했다.

다문화 학생의 인종과 언어발달이라는 주제로 논문을 읽고 리서치를 하고 교사 자격증과 여러 수료증이 있었지만 실제 중도입국 학생의 적응을 지원하고 학부모를 상담하는 것은 쉽지 않았다. 또한 한국어를 이해하지 못하는 중도입국 학생을 대상으로 한국어와 영어를 가르치는 것도 자주 한계에 부딪혔다. 매일 조금씩 한국에서 자신의 진로를 찾기를 바라는 마음으로 다가가는 수밖에 없었다.

영어를 가르칠 때와는 달리 한국어를 가르칠 때는 한국어를 매개언어로 다양한 교과를 조금씩 가르치면서 진행했고 그 와중에 한국어를 자연스럽게 배울 수 있도록 유도했다. 어느 날 미술순회교사가 방문했고 미술을 통한 한국어를 가르치는 시간이었다. 민기가 쉬는 시간에도 자리에서 일어날 줄을 모르고 자동차 그림을 그린다.

"우와! 민기가 자동차를 잘 그리네."
"난 자동차 좋아요."
러시아에서 온 지 얼마 되지 않아 말수가 적었던 아이가 웃으며 더듬더듬 대답했다.

"자, 그럼 이번 시간에는 우리 민기가 친구랑 장난감 자동차를 가지고 노는 모습을 그려볼까?"

미술 선생님 말에 아이가 그림 그리기를 멈추고 빤히 쳐다본다.

"친구 없어요. 한국에서 친구하고 놀아본 적 없어요."

민기는 한국 아빠와 러시아 엄마 사이에서 한국에서 태어났다. 부모가 맞벌이를 위해, 아이는 네 살이 되면서 러시아로 보내져 외할머니 댁에서 자랐다. 3년 뒤 초등학교에 입학하기 위해 한국으로 돌아왔다. 또래 아이들은 초등학교에 다니지만 민기는 러시아에 있는 동안 러시아어로 생활했기 때문에 한국말을 잊어버렸고 일반 학교에 입학하는 것이 어렵다고 판단하여 다문화 예비학교에서 공부하게 된 것이다.

"외로워."

일곱 살짜리 아이의 혼잣말이다. '심심해'가 아니라 '외로워'여서 믿기지 않았다. 자신의 결정과는 상관없이 부모의 결혼과 취업 때문에 국경을 넘어 이주하는 아이들이 있다. 대개 중도입국 청소년들은 한국어를 익히기 전까지는 다문화 예비학교 혹은 한국어학급이 개설된 교육기관 등에 다닌다. 한국어가 익숙하지 않기 때문에 다문화 학교에 다니는데, 다문화 학교에 다니기 때문에 한국어가 빨리 늘지 않는다. 다문화 학교와 다문화 학급에 다니다 보니 또래 한국 아이들과 격리되고 악순환이 계속된다.

중학교 과정에 등록한 학생들도 있다. 14~15살짜리 청소년도 있고 스무 살에 가까운 청년들도 있다. 우즈베키스탄에서 온 자홍기르는 꼬박꼬박 숙제도 잘해 오고 쉬는 시간에도 단어를 혼자 복습한다. 기타는 수준급으로 연주한다. 중학교 과정까지 개설되어 있는 그 다문화 학교를 졸업하면 고등학교에 가야 한다. 곧 스물이 넘는다. 고등학교에 등록하고 학생신분 비자를 가지고 있어야 한국인과 결혼한 엄마와 같이 한국에서 살 수 있기 때문에 고등학교에 등록할 예정이다.

일곱 살 아이도 외롭고 스무 살 청년도 외롭다. 그들이 외로운 이유는 격리되었다고 느끼기 때문이다. 자신이 주류집단에서 소외되고 있다는 것을 알았기 때문이다. 지금은 열심히 한국어를 배우고 있지만, 한국어를 익힌 뒤에도 한국 아이들의 또래집단에 융화될 수 없다는 불안감을 떨칠 수 없다. 의사소통을 할 수 있다고 해도 문화와 감성을 소통할 수 없다면 외톨이 아웃사이더로 남게 된다.

민기는 1층 마당에서 배드민턴 채로 혼자 공을 튕기면서 놀기 일쑤다. 자홍기르는 한국어 능력 검정시험을 준비하느라 단어를 외우고 있었다. 도시의 한복판에서 모두들 외로워서 힘들어한다. 외로움의 신호등이 깜박깜박 점멸한다. 신호등이 깜박이며 녹색 점선이 한 칸씩 줄어들고 있는 횡단보도에 서 있는 느낌이다. 한 할머니가 유모차에 의지해서 천천히 걷고 있다. 도심에서 살짝 비켜선 슬럼가의 흔한 풍경이다. 물끄러미 창밖을 보던 샤오야가 불쑥 나에게 묻는다.

"노인 공격해야 합니다. 맞아요?"

"아니오. 노인을 공격하면 안 됩니다. 공격이 아니라 공경해야 합니다."

나는 '공격'과 '공경'을 또박또박 발음해주었다. 샤오야는 본국에서 부모의 이혼을 경험했다. 이후 엄마가 한국인과 재혼하면서 엄마를 따라 중국에서 왔다. 최근 한국 아빠가 딸로 입양을 해주었다. 특별귀화 조건에 해당되어 한국 국적을 취득했다고 연신 기뻐했다. 민기는 얼른 한국어를 배워 친구들과 함께 공놀이를 하고 싶어 한다. 자홍기르와 샤오야는 각각 요리학교와 간호보건학교에서 공부할 계획이다. 문득 그런 생각이 들었다. 녹색신호가 끝나도 그 아이들이 마저 건너갈 수 있도록 조금만 더 기다려줄 수는 없을까?

중도입국 학생을
위한 학교

나는 2016년 연구기관에서 다문화 교육 기초조사와 외국인 정책 연구에 참여한 후 2017년부터 대학으로 옮겼다. 소속학과에서 필요한 과목과 함께 다문화 교육에 관한 수업을 맡고 대학원에서는 다문화 교육을 전공하는 교사와 세미나 수업을 진행했다.

그리고 충청북도교육청의 다문화교육진흥위원과 국제교육원 외부위원으로 위촉되어 매년 회의에 참석한다. 2018년 회의에 참석한 현장의 교사와 학교장 중에는 외국에서 성장하다가 부모의 결혼 및 취업 등으로 한국으로 입국한 중도입국 자녀들을 교육하는 어려움을 토로했다.

"선생님들이 자기 수업도 해야 하는데 중도입국 다문화 아이들에게 한국어도 가르쳐야 하고 업무가 참 많아요."

"한국 문화와 학교 규칙도 알려줘야 하는데 한국어로 말이 안 통하니까 가르칠 수도 없고 방법이 없어요. 통역이 필요한 순간이 정말 많아요."

"한국 문화도 가르쳐야 하고 그들 문화도 존중해야 하는데 그게 서로 상충할 경우 정말 난감합니다."

"어린 나이에 낯선 나라에서 적응해야 하는 그 아이들 언어적 심리적 충격이 상당합니다."

문화적 차이로 인한 여러 가지 에피소드를 들려주기도 했다. 이런 맥락에서 의견이 나왔다. 별도의 학교를 만들어 처음 입국한 다문화 학생들을 6개월에서 1년 정도 기초 한국어와 한국문화를 가르친 뒤 일반 학교로 전학시키는 것이 어떠냐는 것이다. 그 장점을 학생, 학부모, 교사의 입장에서 요약하면 다음과 같다.

● 중도입국 학생들은 자신의 진도에 알맞은 적응교육을 받을 수 있어 학교가 괴롭기만 한 곳이 아니다. 적응기간을 거쳤기 때문에 나중에 일반 학교에 배치되었을 때도 한국 학생들과 큰 어려움 없이 어울려 공부할 수 있게 될 것이다.

● 학교에 다문화 학생이 많을 경우, 한국 학부모의 불만이 높은데 적응기간을 거친 중도입국 다문화 학생이기 때문에 학생과 학부모로부터 나올 수 있는 심리적 저항을 감소시킬 수 있다.

● 중도입국 학생의 입국 초기에는 학적 생성, 통역과 상담, 교과 지도, 생활 지도 등 다문화 학생을 위한 업무가 폭주하는데, 적응을 위한 별도의 학교에서 한국어 교육과 적응교육을 받기 때문에 일반 학교 교사의 부담을 경감시킬 수 있다.

듣고 보니, 중도입국 학생을 위한 별도의 교육기관을 만든다면 한국 학생, 중도입국 학생, 학부모와 교사 모두에게 득이 되는 셈이다.

그러나 그것은 분리교육이다. 오랜 세월 여학생은 남학생과 분리되어 상대적으로 열악한 환경에서 교육받다가 점차 남녀가 함께 교육받는 통합교육이 자리 잡았다. 여전히 여학교와 남학교가 남아 있지만 남녀공학 학교가 원칙이다. 여학교 혹은 남학교로 진학하고 싶은 학습자의 요구를 충족시키기 위해 여중, 여고, 남중, 남고와 같이 성별 분리된 학교가 존재하는 셈이다. 공립초등학교가 원칙이지만 맞춤식 엘리트 교육을 원할 경우 비싼 학비를 지불하고 사립초등학교에 등록하는 것도 비슷한 이치다.

마찬가지로, 장애학생들 역시 장애가 없는 학생들과 분리되어 상대적으로 열악한 환경에서 교육받다가 최근 통합교육으로 방향을 전환했다. 아직도 맹학교와 농학교 등이 있으나 이는 해당 학습자의 문화와 욕구를 존중하고 선택권을 넓히는 것으로 해석되어야 한다. 그래서 교육부는 중도입국 학생을 위해 통합교육을 기본으로 제공하고 부차적으로 예비학교(한국어 학급) 프로그램이나 다문화 대안학교(위탁교육기관)를 인가하여 운영한다.

나 역시 2년간 다문화 학교들을 관찰했고 또 다문화 학교 교사로 근무를 했으니 무슨 말을 하는지 그 고충을 이해할 수 있었다. 내가 참관하거나 근무했던 다문화 학교들은 일반 공립학교와 달리 대안학교 형식의 위탁교육기관이었다. 엄밀한 의미의 '학교'는 아닌 셈이다. 일반 학교에 다문화 학생의 원적을 만든 뒤 학생을 위탁받아 1~4학기 동안 공부한 뒤 원적학교로 복귀시킨다.

　　다문화 학생 중 정서적으로 매우 불안하거나 문화적 충격으로 안정이 필요한 경우 다문화 학교에 위탁된 경우가 많았다. 또한 가정불화 등으로 상처받은 아이, 교과공부보다는 따뜻한 손길이 필요하고 동일한 모국어를 사용하는 또래 친구와의 교감이 필요한 학생들이었다. 일반 공립학교에 다니다가 또래 아이들의 놀림에 마음의 상처를 받고 위탁기관으로 온 학생도 있다. 다문화 학교에 근무하는 교사들은 일반 학교의 교사보다 아이들의 마음에 난 상처를 어루만져주는 데 집중하는 편이고 그래서 덜 엄격하고 더 허용적이다. 때로는 지각도 많고 결석도 잦지만 이럴 때 벌을 주거나 야단치기보다는 달래서 학교에 나오도록 하거나 직접 찾아가서 데리고 오기도 한다. 부모가 모두 출근한 후 혼자 남겨져 있다가 늦잠을 자거나 범죄에 연루되거나 낙오자가 되지 않도록 끊임없이 보살핀다.

　　다문화 학교에 근무하는 교사들은 버스와 지하철을 타고 오가는 연습을 같이하면서 한국 적응을 돕기도 했다. 교통카드를 만들고 충전하는 법도 가르쳤다. 은행에 들러 계좌도 개설하고 카카오톡과 밴드 등으로 지역의 커뮤니티와 연결될 수 있도록 안내했다. 이런 일들은 학교가 해야 할 의무

사항은 아니었지만 교사들은 당연히 시간을 쪼개어 아이들을 돌보았다. 법무부 이민자 조기적응 프로그램을 실시하여 외국인종합안내센터(1345 콜센터)를 이용하도록 안내했다. 학생들의 비자 상황이나 거소 신고 등에 문제가 생겼을 경우 출입국외국인청과 업무 연계를 하고 국적취득을 원하는 경우 교과 공부 이외에 면접 연습 등 챙겨야 할 것이 많다.

즉, 학습자의 한국어 수준과 정서적 상태를 고려하여 일반 학교 적응이 도저히 어려울 경우, 분리된 위탁교육기관에서 일시적으로 다문화 학생이 교육을 받도록 하여 숨통을 틔워주고 학교 밖 청소년이 되지 않도록 하는 것이다. 그러나 다문화 청소년을 입국 후 바로 분리된 학교에 등록시켜 교육 받도록 하여 다문화 교육의 표준으로 자리 잡게 된다면 그것은 차별의 여지가 있다.

생각을 달리 해보자. 한국 부모가 미국 회사에 취직되어(혹은, 미국인과 국제결혼을 하게 되어) 아이를 데리고 미국으로 갔다고 가정해보자. 자기 아이가 이민자녀들만 모아둔 분리된 학교에 배치된다면 기분이 어떨까? 보다 나은 삶을 기대하며 한국에서의 삶을 정리하여 선진국으로 갔는데 차별적 분리교육을 만난 셈이다. 언어가 다르고 문화적 차이가 있다는 이유로 이주배경을 가진 학생들만 모아 6개월에서 2년씩 분리시켜 교육하는 것은 사실상 차별이다. 교육시스템이 좋으면 뭐하나 분리되어 있다면.

다시 논점으로 돌아가 보겠다. 일반 학교에 진입하기

전에 중도입국 학생을 위해 한 학기에서 2년 정도 한국어와 한국문화를 가르치는 별도의 학교를 만들자는 의견은 다문화 학생도 그런 학교에서 더 행복할 것이라는 선한 의지와 신념에서 나온 것일 수도 있다. 선한 의지는 좋지 못한 결과를 낳을 때도 있고 우리는 가끔 신념을 사실로 오해한다.

그러나 중도입국 학생을 위해 별도의 학교를 세우자는 것은 사실은 학교의 교육역량이 부족하다는 자기 고백일 수 있다. 이는 학교의 역량을 키워서 대처해야 하는 것이지, 일반 학교에서 분리하는 방식으로 해결할 문제는 아니다. 일정 기간 동안 분리된 아이들은 영어, 수학, 과학과 같은 교과교육에서 그만큼 멀어지게 된다. 미국으로 이민 간 한국계 아이가 영어와 미국문화에 익숙해지고, 중국으로 이주한 아이가 중국어와 중국문화만 배우고, 교과공부를 놓치고 머릿속이 텅 비어버린다고 생각해 보면 무슨 말인지 알 수 있을 것이다. 분리교육을 표준으로 정하는 것은 차별이다.

다문화 학교는
어디로 갔을까?

전 세계적인 코로나 팬데믹으로 학교가 비대면 수업으로 전환되던 시기였다. 박사 공부를 마친 뒤 나의 첫 근무지였던 중도입국 청소년을 가르치는 학력인정 다문화 학교를 찾았다. 외국인에 대한 꺼림칙한 마음도 퍼져나가던 시기라 마음으로 걱정이 되었다. 새로운 취직자리를 찾아 떠난 후에도 가끔 안부 인사를 드리던 터였다. 출입문은 굳게 잠겨 있었다. 계속 문을 두드리자 인기척이 났다.

"○○○○○학교를 찾아왔습니다. 문 좀 열어주세요."
"학교는 여기 없어요."
"어디로 갔나요?"
"모릅니다."

내가 한국어와 영어를 가르쳤고 한국생활에 적응할 수 있도록 같이 지하철 노선도를 보고 집으로 가는 법도 가르쳤던 곳이다. 야외 체험활동과 공원에서 꽃밭 가꾸기와 같은 봉사활동에 참여하기도 했다. 나는 김치를 친정에서 얻어먹지만 겨울철이면 다문화 아이들과 함께 김장봉사에도 참여하고 연탄배달 봉사도 같이했다. 지금껏 매달 조금씩 후원도 한다. 그렇게 애정을 쏟던 학교가 사라진 것이다.

'학교는 어디로 갔을까?'

오래전 교장선생님은 재래시장 모퉁이에 중도입국 청소년을 교육하는 작은 배움터를 열었다. 열심히 노력한 덕분에 몇 년 후 교육청으로부터 학력인정 다문화 대안학교로 정식인가도 받았다. 장소가 마땅치 않아 위기에 처했을 때 지역의 한 교회에서 10년 무상으로 장소를 제공해주겠다는 연락이 왔다. 주말에 교회 성경모임을 하는 공간을 주중에 학교 교실로 쓸 수 있게 된 것이다. 교회 건물이 크고 튼튼했고 급식실과 주차장도 있었고 무엇보다 교실이 깨끗했다.

출입국관리사무소 및 교육청과 연계해 다문화 대안교육이 필요한 학생을 위탁받아 한국어와 필수교과를 가르쳤다. 공부를 잘하는 아이들은 특목고를 거쳐 명문대에 진학한 경우도 드물게 있고, 요리나 자동차에 관심 있는 아이들은 특성화고로 진학했다. 중도입국 다문화 학생은 특성화 고등학교나 직업 교육에 관심이 많았다. 일반 학교로 복귀한 뒤로도 외로울 땐 학교로 와 교장선생님의 품에 안기곤 한다. 일반 학교에서 마음을 다친 경우에는 교장선생님의 품에 안겨 그냥 훌쩍훌쩍 울고 가는 아이도 있다. 그런 학교가 사라진 것이다.

교장선생님께 전화로 연락을 드렸다.

"코로나 때문에 사람들이 외국인을 싫어하는데 정부는 예배를 못하게 하고 교회는 예배를 못하게 하니 교인들이 집회를 열고 그러니 사람들은 개신교를 욕하고… 휴…."

나는 교장선생님이 왜 집회 이야기를 하는지 의아했다.

"우리 학교가 다문화 아이들을 데리고 있으니까 교회 건물에서 확진자가 생기면 안 된다고 겁을 먹고 나가달라고 했어. 불똥이 이리로 튀었어. 무조건 나가달라니 어쩌겠어. 컴퓨터랑 짐을 챙겨 일단 나왔어. 우리 아이들 어떡해. 어쩌면 좋아."

원칙주의 개신교 목사와 정부 사이에 방역으로 갈등하던 즈음이었다. 교회 건물에서 확진자가 생기면 요즘 같은 시국에 개신교가 타격을 받는다는 위기의식 때문에 처음 약속한 계약기간이 남았지만 무조건 나가 달라고 통사정을 해온 것이다. 교육청에 중재를 요청하니 생각지도 못한 대답을 들었다.

"학교와 교회 사이의 계약은 두 기관이 협의할 문제이며 한 달 내로 기준시설을 확보하지 못하면 인가를 취소하겠다."

인근에 폐교된 학교에 설립한 교육청의 다문화교육지원센터가 있었다. 급한 대로 그곳 교실 2~3개를 빌려달라고 했지만 거절당했다. 그곳은 다문화 교육을 지원하는 곳이라 활동실로 사용하고 있어서 빌려줄 수 없다는 것이다. 코로나 시국 몇 달 동안은 어차피 활동도 불가하고 전시도 불가하니 잠시 동안 빌려달라고 했지만 거절당했다. 교육감에게 사정을 이야기하면 혹시나 방법을 찾을 수 있을까 하고 비서실에 연락을 했더니 곧이어 교육청 직원에게서 연락이 왔다.

"어른 심기 불편하게 하지 말아주세요."

교육감의 손길은 보이지 않았다. 다문화 학교는 수월성 교육보다는 평등과 인권교육에 가깝기 때문에 진보 교육감의 도움을 받기 쉬울 것으로 생각하였으나 쉽지 않았다. 위탁된 아이들은 단지 한국어 구사력 때문이 아니라 정서적 문제와 가정 내 갈등 등 복합적인 이유로 상처가 커서 일반 학교에 적응이 어려워 위탁되었다. 그러므로 교육청이 세심하게 돌봐주어야 할 영역인데도 인가를 취소하고 원적학교에 복귀시키는 것으로 마무리하고자 했다. 싱크-오어-스윔(Sink-or-Swim) 전략이다. 이는 대표적인 동화주의 정책으로 수영 못하는 사람을 물에 빠뜨린 후 헤엄쳐서 나오라고 하고 가라앉으면 실력 없는 학생의 탓이고 살아나오면 잘했다고 격려해주는 방식이다.

교실과 급식실이 들어갈 만한 장소는 월세가 200만 원이 넘었다. 코로나로 비어 있는 곳이 많았지만 월세를 깎아주는 곳은 없었다. 처음 계약한 월세에서 5퍼센트밖에 올릴 수 없기 때문에 처음부터 낮은 임대료로 계약을 할 수 없다는 것이다. 매달 조금씩 모이는 후원금으로 학교를 운영하고 있었기에 모두들 시름에 빠졌다.

교육청이나 장학사나 교회의 장로를 탓할 수도 없다. 하릴없이 역병을 탓할 수밖에. 한 달 후 익명을 요구한 기업체가 인테리어 비용과 월세를 일부 지원하는 후의를 베풀어주었다. 한 달을 떠돌다가 내부 수리를 마치고 학교는 새 보금자리에 정착했다. 이제는 무탈하기를.

모든 학생이 봉사활동을 해야 할까?

2008년부터 3년에 걸쳐 대학의 입학사정관으로 근무했을 때의 일이다. 입학서류를 검토하다 보면 문득 의문이 들었다.

'왜 고등학교 학생들의 봉사활동 내역은 죄다 청소인가?'

대부분 대학 지원자들은 봉사시간의 대부분을 청소(혹은 환경정화, 환경보존 활동)로 채워 넣었기 때문에 그다지 검토할 거리가 없었다. 위촉사정관도 비슷한 불평을 하기 시작했다. 전형을 설계한 우리 입학사정관에게 다음과 같은 질문을 던지기도 했다.

- 교내에서 청소한 걸 봉사활동이라고 할 수 있을까요? 본인의 학교를 청소한 것을 봉사활동으로 인정해야 하나요?

- 교내 청소나 교내 금연 캠페인 이외에는 특별히 활동도 없는 봉사정신이 부족한 학생을 뽑아야 하나요?

- 특별한 봉사활동 내역이 없는데 봉사활동을 왜 입학사정관 전형의 평가 항목으로 넣은 건가요?

위촉사정관 한 분은 미국의 대학 입학전형을 찾아보며 연구한 내용을 공유했다.

"제가 미국 주요 대학의 웹사이트를 찾아봤습니다. 그리고 미국 대학의 입학담당자에게 이메일도 보내봤어요. 미국 대학은 의미 있는 봉사활동을 보여주지 못한 지원자는 선발하지 않는다고 해요."

2009년 나는 입학사정관제 지원 사업에 선정된 대학의 입학사정관을 모아 미국의 입학 시스템을 배우는 한국대학교육협의회 연수에 참여하게 되었다. 교육중심대학인 윌리엄스 대학과 암허스트 대학, 소규모 로컬 대학과 연구중심대학인 MIT, 컬럼비아 대학, 버지니아 대학의 입학처 등이 연수에 포함되었다. 암허스트 대학, 컬럼비아 대학 등 최고의 인지도를 자랑하는 대학들은 봉사활동을 중요하게 고려하고 있었지만 소규모 대학의 경우는 명문대학만큼 봉사활동을 강조하기는 어려운 것으로 보였다.

이후 미국에서 유학생활을 하게 되었다. 아들, 조카와 함께 살았고 아이들을 학교에 보내면서 봉사활동에 대해 자연스럽게 알게 된 것이 있다. 성적이 우수한 학생을 위한 영재반 프로그램에 등록한 학생에게는 일찍부터 봉사활동이 강조된다는 점이다. 한국으로 치면, 특목중, 특목고, 유명 자사고, 영재학교 등에 다니는 학생에게는 봉사활동이 의무적인 셈이다. '꾸준히' 지역사회에 봉사했다는 기록을 제출하지 못하면 유급에 가까운 조치가 내려진다. 학생들에게 유급을 주지 않기 위해 학교는 학기 초부터 봉사활동이 얼마나 중요한지 지속적으로 주의를 환기시킨다.

도서관, 청소년 법정, 교도소 등 봉사활동을 할 곳이 다양하게 오픈되어 있다. 아들이 중학교 2학년일 때, 나는 흑인 빈민지역에 있는 도서관에서 근무하는 같은 학교 학부모에게 연락을 받았다. 매주 화요일 오후 저소득층 초등학생을 대상으로 진행되는 wii 게임을 맡을 중고등학생 자원봉사자가 필요하다는 것이다. 당시 책 정리 봉사를 하던 아들은 wii 게임을 운영하는 봉사를 맡게 되었다. 봉사활동 장소와 시간을 예약하고 아이를 데려다주고 데려오기 위해서는 부모의 시간, 교육수준, 인적 네트워크와 노력이 요구된다.

그러나 성적이 중하위권에 해당하는 학생들에게는 봉사활동을 의무적으로 강요하지 않는다. 성적이 낮은 학생들이 대부분 사회경제적으로 열악한 가정의 자녀라는 점을 고려해보면 당연한 조치다. 한국에 귀국한 뒤 다니던 중학교를 졸업하고 아들은 과학고등학교에 입학했다. 좋은 특목고에 들어갔다고 축하해주었다. 열심히 공부하고 꾸준히 지역사회에 봉사하는 어른으로 자라기를 바랐다.

"틈틈이 하던 봉사활동에 요즘 소홀한 것 같네. 왜 안 해?"

"과학고 학생은 봉사활동 필요 없대요. 다들 수시전형으로 대학을 가니까 내신이 가장 중요하고 수능도 필요 없고,

봉사활동도 특별히 필요 없대요."

"그래?"

"우리 학교에서 가장 오래 근무한 진학 선생님이 과학고 학생은 공부로 승부하는 거고 봉사활동은 학교에서 하는 것만 하면 된대요. 대학에서 과학고 출신들은 봉사활동 별로 안 본다고 신경 쓰지 말래요."

중상류층 아이들이 모두 성적이 우수한 것은 아니나, 성적이 우수한 학생들은 대부분 중상류층 가정의 자녀들이다. 부모로부터 물려받은 유전적 요소와 더불어 학력이나 가치관, 경제력 등 가정의 사회문화적인 요소가 공부 습관과 학업 성취도에 영향을 미치기 때문이다. 성적이 우수한 학생이 지역사회에 봉사하도록 의무화하는 것은 어려서부터 노블레스 오블리주를 가르치는 일이다.

반면, 경제적으로 넉넉하지 못한 가정에서 성장하고 성적은 중하위권인 학생의 경우, 다른 사람의 학습 멘토링 봉사를 받아 자기 성취를 위해 매진하는 것이 사회 양극화를 줄이는 길이다. 그런 학생에게 시간을 들여 봉사활동을 하라고 하는 것은 아이에게 기회를 빼앗는 것이다. 뿐만 아니라 봉사활동을 검색하고 아이를 데려다주고 데려오는 동안 그들 부모가 돈을 벌지 못해 가정이 경제적으로 더 취약해지는 결과를 초래할 수도 있다.

예전과 달리 봉사활동 허위 서류가 공정한 입시를 해

친다고 보고 2024학년 대입부터 교내 봉사활동만 대입에 반영하도록 교육부가 강제하고 있다. 학습자는 학교 담장을 넘어 자신의 봉사활동도 자율적으로 설계하기 어렵게 되었다. 학생의 사회문화적 환경을 고려하지 않고 1년에 15~30시간을 할당하는 한국의 학교가 공정이라는 개념을 좀 더 발전시킬 수는 없을까? 가정의 경제력을 가장 많이 반영하는 정시전형을 준비하는 학생들은 봉사활동이나 동아리 활동 등을 하지 않고 그들의 시간을 오롯이 공부에만 투자한다. 그런데 기회균형 전형이나 사회적 배려대상자 전형과 학생부종합전형 등의 수시전형은 봉사활동을 요구한다. 수시 입학 전형을 담당하고 있는 대학 입학사정관이 학생의 사회경제적 환경을 고려하며 봉사활동을 바라볼 수는 없을까? 영재교육원, 자사고와 특목고가 봉사활동을 통해 인성교육과 진로탐색을 강화할 수는 없는 것일까?

아시아계 학생은
똑똑하다고요?

친하게 지내는 홍보학 전공 교수의 연구실에 들렀다. 박 교수는 워낙 커피를 좋아해 연구실이 있는 복도에 들어서기만 해도 커피 향이 물씬 풍긴다. 방학인데도 커피 향은 여전하다.

"오늘은 커피 말고 차를 마셔볼까요?"
"커피만 마시는 줄 알았는데 차도 좋아하세요?"
"지난 학기에 중국 학생에게 차를 한 줌 얻었는데 꺼내 볼게요."

덕분에 재스민차를 맛보았다. 얼마 전부터 박 교수 수업에서 유학생이 늘어나 가끔은 한국 학생이 소수가 되곤 한단다.
"내가 K 대학 석사과정에서 강의를 할 때 중국 학생이 많았는데 수업을 못 따라가더라고요. 그러면 한국 학생도 피해를 입고 유학생도 피해를 입어요. 지금 우리 대학에서도 수업하기가 쉽지 않아요."

강의 수준을 어디에 맞출지 걱정이라고 한다. 또한 자신이 맡았던 중국 유학생과 태국 유학생은 대학원을 마치고 한국에서 취업하고 싶어 했는데 진로지도도 쉽지 않았다고 한다.

한국의 대학에서 외국인 유학생이 많은 강의의 경우, 한국 학생의 불만이 높고, 과제와 발표를 위한 모둠 활동이 어려워서 강의 만족도가 낮은 편이다. 실제로 기말 성적의 결과가 나오면 외국인 유학생이 무더기로 하위권 성적대에 포진한 경우가 많다. 물론 로스쿨 등으로 진학하기 위해 상위권 평점으로 관리해야 하는 등의 특별한 경우가 아니면 한국 학생이 이런 수업을 일부러 수강할 이유는 없다. 그래서 개강 후 1주차에 오리엔테이션 수업을 들으면서 유학생이 많은 강의는 믿고 거르는 경우도 생긴다.

유학생은 한국어 구사력이 낮아서 수업을 이해하는 데 어려움이 있을 뿐 아니라 한국 학생과 모둠활동을 함께 진행하는 데 어려움이 있다. 이렇게 한국으로 유학 온 외국인 학생들의 학업역량을 향상시키고 한국 학생의 만족도를 높이는 방안은 어떤 것이 있을까?

첫째, 한국어 구사력이 낮아서 수업을 이해하는 데 어려움이 있는 경우를 방지하기 위해서 입학을 위한 한국어능력시험(TOPIK)의 기준을 상향 조정하는 방안이 있다. 영미권 국가가 토플(TOEFL)이나 IELTS 어학시험을 통해 일정 점수 이상이 되는 학생에게만 지원 자격을 부여하는 것과 같은 이치다. 내가 미국 박사 유학을 준비할 때 듣기, 읽기, 쓰기, 말하기의 네 기능이 모두 통합된 토플 시험과 GRE(Graduate Record

Examination) 시험을 친 뒤 미국 대학에 지원할 수 있었다.

　　그런데 한국어능력시험의 기준을 높일 경우, 유학생 모집에 어려움이 있다. 13년째 등록금 동결에 입학금이 폐지된 상황에서 유학생 유치는 현실적으로 대학의 생존이 걸린 문제라 유학생의 한국어능력 기준을 점차 완화하는 추세다. 이런 상황에서 기준을 높이면 대학 재정에 어려움을 겪을 수 있고 한국 학생의 교육편의까지 어려워지기 때문에 고양이 목에 방울 달기인 모양새다.

　　둘째, 학부 단계에서는 외국인 유학생을 대상으로 한국어로 진행되는 인터내셔널 코스 강의를 개설하는 것이다. 강의 교재와 교수자가 사용하는 한국어 수준을 외국인 유학생의 구사력에 맞추는 것이다. 유학생만 수강하는 수업이라 수강생이 격리된 느낌을 갖지 않도록 주의하여 설계할 필요가 있다. 유학생이 인터내셔널 코스 강의를 신청하기를 원치 않는다면 동일(유사)한 과목으로 한국 학생을 대상으로 개설된 강의를 신청하도록 안내하면 된다. 학습자에게 선택권을 주는 것이다. 처음에는 인터내셔널 강의에서 한국 학생으로부터 격리된 느낌 때문에 꺼리던 유학생도 교과 내용도 배우고 한국어 강의에 적응하는 시간을 가질 수 있어 대체로 만족스러운 반응을 보인다. 기말시험이 종료된 후, 최종 성적이 나오면 한국 학생과 함께 수강했던 과목에서는 이해도도 낮고 학점이 하위권인 반면, 인터내셔널 코스 강의에서는 이해도도 높았고 유학생을 담당하는 교수와 상담이 가능하고 배려도 받아가며 수업을 따라갔기 때문에 학점도 높고 만족도가 높아진 것으로 풀이된다.

이는 내용중심수업(CBI: Content-Based Instruction)이라고 불리는 이중언어교육의 교수법이다. 비원어민이 목표언어가 충분히 발달되지 않은 상황에서 목표언어(한국어)를 발달시키기 위한 목표를 가지고 있지만, 언어교육원에서 한국어만 배우는 것이 아니라 자신이 배우고자 하는 전공의 교과지식도 같이 배우도록 돕는다. 사실 성인이 되어 외국어를 배우는 것이 힘든 이유 중의 한 가지는 이미 인지적으로는 어른인데 배우는 내용이 유치하기 때문이다.

- '주말에 뭐 했니?'
- '좋아하는 색깔은 무엇입니까?'
- '당신의 취미는 무엇입니까?'
- '자신의 가족을 소개해 보세요.'

이상과 같은 주제로 브레인스토밍이나 워드 맵(Word Map)을 작성하고 짝에게 이야기하기 등의 활동을 하고 있으면 스스로가 한심해지기도 한다. 그런데 내용중심수업은 자신이 배우고 싶어서 유학까지 온 전공지식을 배우면서 목표언어도 학습할 수 있다는 장점이 있다. 그러나 학위과정 내내 이런 인터내셔널 코스 강의만 수강할 수 없고 적응을 위한 과도기적 수업으로 운영하는 것이 좋겠다.

셋째, 외국인 유학생을 위해 외국어로 진행되는 교육과정을 개발하는 것이다. 포스텍과 한국과학기술원(KAIST)은 영어로 강의를 진행하고 있어 우수한 외국인 유학생을 유치하고 있다. 세계 올림피아드 수학부문 파키스탄 대표였던 학생이나 로봇 분야 세계 순위를 거머쥔 아프리카 학생도 학부에 입학하였다.

그러나 이런 세계적인 대학 이외에 일반 대학들이 벤치마킹할 수 있는 사례도 있다. 현재 경성대학교에서는 다양한 국적의 유학생을 받아들여, 경영학과 이공계열 전공에서 영어로 수업이 진행되는 국제화 프로그램이 정착단계에 있다. 우석대학교의 경우에도 교육학 전공 중국인 석·박사 유학생을 대상으로 영어로 모든 수업을 진행하고 있다. 또 학부와 석사에서 영어교육을 전공하고 박사에서 교육학을 전공한 교수가 유학생 지도를 담당하고 있다.

그런데 영어를 잘하는 경우는 영미권 대학으로 유학을 가기 때문에 한국으로 유학을 오는 학생은 영어 구사력이 상대적으로 낮은 편이다. 그래서 유학생 중 가장 많은 비중을 차지하는 중국인 유학생을 위해 연세대학교에서는 중국어로 진행하는 교육과정을 계약학과 형태로 운영하는 사례도 있다.

그렇다면 미주지역에서 아시아계 이주민은 어떻게 기여하고 성취를 이루었는지 살펴보자. 아시아계는 '모범적인 소수인종(Model Minority)'으로 간주되며 수학과 과학에서 성적이 우수한 것으로 보고된다. 한인 언론은 한국 학생들이 하버드 대학에서 우수한 성적을 거두는 것을 자랑스러워하곤 했다. 아시아계 이민자는 성품이 온순하고 폭력성이 적다고 여겨졌다. 미국 주류 백인이 보기에 가정에 충실하고 이혼율도 낮다. 흑인과 남미계와 비교하면 아시아계 이주민은 모범적인 삶을 사는 것으로 간주된다.

심지어 백인 경찰이 범죄 현장에서 흑인을 만났을 경우 범죄자로 간주하거나 돌발 상황에 대비해 총기를 염두에 두기도 한다. 반면, 아시아계는 범죄의 피해자일 수 있다고 생각하여 그들의 말을 경청하고 도와주려고 애쓴다는 연구결과도 있다. 아시아계의 범죄율이 낮기도 하지만 아시아계 이민자는 성실하고 나약하다는 편견 때문에 실제는 아시아계가 범죄자인 경우에도 피해자라는 '인상'을 주어 수사와 심문과정에서 경찰과 검찰이 도와주려고 애쓰기도 한다. 통계를 보면, 미국에서 유사한 범죄에 대해 흑인이 가장 가혹한 형량을 받는다. 그럼 가장 가벼운 처벌을 받는 인종은 누구일까? 아시아계 미국인이다. 아시아계의 경우 유사 범죄에 대해 형량도 가볍고 구속수사를 받는 비율도 가장 낮다. 아시아계는 모범적이라는 인종적 편견이 작동하기 때문이다.

미국에서는 그렇게 학업성적이 좋고 모범적인 아시아계 학생이 왜 한국의 대학에서는 수업내용을 이해하지 못해 한국 학생의 불만이 끊이지 않을까? 미국에서는 한국계 학생이 명문대학에 척척 합격하고 우수한 성적으로 졸업한다는데, 일본에 사는 한국인 후손인 재일한국인 '자이니치'는 왜 학업

성취도가 낮은 걸까? 그런데 일본에 살던 자이니치 중에서 미국으로 이주한 이들의 학업성적이 높아진 것은 무슨 이유일까? 나이지리아계 미국학자인 오그부(Ogbu)는 일본에서 미국으로 이주해 온 자이니치 한국인 집단의 학업성적 변화를 언급하면서 사회적 요인에 따라 특정 집단의 교육성과가 어떻게 나타나는지 설명했다. 그는 연구를 통해, 자발적 이주인지 비자발적(혹은 강제적) 이주인지에 따라 성취도가 크게 달라진다고 보았다. 물론 이에 대한 비판도 있다.

특정 집단이 더 똑똑하거나 머리가 나쁘다는 증거는 없다. 교육열, 인종 편견 및 환경적 요인 등이 있을 뿐이다. 한국에서 아시아계 유학생의 성취도가 낮은 것은 대학의 교육역량과 학생의 수학능력을 고려하지 않고 입학시킨 탓도 있을 것이다. 유학생과 한국 학생이 동등한 입장에서 서로를 통해 배울 수 있다면 좋으련만. 어찌하랴! 한국의 대학재정이 점차 기울어 가는 것을.

세계적 팬데믹으로 대학의 위기가 자주 언급되고 있다. 세계 최고의 명문대학인 하버드 대학도 등록금 수입이 급감했고 2020년에 1,000만 달러 손실을 기록했다. 90년 만에 처음 있는 일이라고 한다. 재정적 상황을 극복하기 위해 미국 대학이 입학기준에 다양성 항목 비율을 높여 유학생을 유치하는 공격적 전략을 편다면 그 영향은 도미노처럼 한국까지 퍼질 것이다. 한동안 한국 대학은 유학생 유치에 어려움을 겪고 재정 위기가 예상되는 대목이다. 반대로 미중 패권 경쟁으로 중국 학생의 미국 유학이 어려워진다면 한국 대학이 제2의 전성기를 맞을 수도 있을 것이다. 한국 대학은 강력한 유인 동력을 어떻게 마련해야 할 것인가?

2장
문화 다양성

인구절벽과 국제이주

다문화 다인종 사회로 이행하는 한국의 변화하는 모습은 한국의 인구 상황과 매우 밀접하게 관련되어 있다. 나 역시 인구 증가와 인구 감소의 물결을 겪었다. 나는 1960년대 말에 태어났고 1970년대에 초등학교 시절을 보냈고 1980년대에 중학교, 고등학교와 대학을 다녔다. 인구문제가 화두가 될 때마다 나의 학창시절 많이 들었던 구호들이 떠오른다. '둘만 낳아 잘 기르자'부터 '아들 딸 구별 말고 하나씩만 낳아 잘 기르자', '삼천만이 하나씩만 낳아도 대한민국은 인구폭발' 등등. 아이를 많이 낳지 말라는 말이었다. 공무원들은 정관수술을 하며 국가의 공복(公僕)임을 보였다. 내가 다니던 여학교에서는 아이 많이 낳는 여자를 '대책 없는 여자' 혹은 '밝히는 여자'로 몰아가기도 했다.

학교 교육은 기본적으로 국가와 주류집단의 지배적 가치를 다음 세대에 전수하는 역할을 한다. 공교육을 충실히 이수할수록 국가의 비전과 통치철학을 깊이 내면화하게 된다. 그것이 자신의 행동에 대한 가치판단의 근거가 되고 사회의 규범이 된다. 난 '대책 없이 밝히는 여자'로 보이지 않으면서도 인구폭발의 목전에서 조국을 구하기 위해 아이를 한 명만 낳았다. 우리 부부는 좋은 교육을 받았고 교육받은 대로 애국심을 발휘했다.

어느새 아이를 많이 낳아야 한다고 난리도 이런 난리가 없다. 미디어는 날마다 출산율을 읊어준다. 저출산과 노인인구 비율이 늘어나서 인구 피라미드가 역삼각형이 될 판이라고 한다. 졸지에 우리 부부는 한국을 고령화 사회로 만든 주범이 되어버린 듯하다.

2016년 행정자치부는 가임여성의 분포를 지도로 제작해서 배포했다. 일명 대한민국 출산지도. 여성들은 '내 자궁은 국가의 공공재가 아니라'며 발끈했다. IMF 금융위기 당시 금 모으기 운동 때 동참했더니, TIME 잡지에서 한국의 금모으기 때문에 전 세계 금값이 폭락했다는 기사가 떴다. 비싸게 샀던 금을 가장 싸게 팔아버린 셈이다. 아이를 적게 낳으라고 해서 적게 낳았더니 저출산 고령화 사회로 접어들어 버렸단다. 날마다 노인 인구 비율을 알려주며 겁을 준다. 국가가 시키는 대로 하고 나면 후회할 일이 생기는 것 같아 부아가 치민다.

2010년 통계청은 장래인구추계를 발표하면서 2018년 인구절벽이 올 것이라고 전망했다. 그럼 2018년이면 간당간당 절벽에서 떨어져야 하나 싶었다. 그런데 2017년 통계청은 2016년 인구통계를 근거로 장래인구추계를 발표했다. 한국은 2032년 인구절벽을 맞을 것으로 예측했다. 인구 고령화에도 불구하고, 인구절벽이 2018년에서 2032년으로 미뤄질 것으로 예측된 것이다. 어찌된 일일까?

출산율이 저조하여 인구의 자연증가는 줄어들지만, 국제이동에 의한 사회적 인구증가가 발생했기 때문이다. 2018년 한국 내 체류 외국인 주민은 205만 명가량이었고 2020년에는 222만 명으로 총인구의 4.3퍼센트에 해당한다. 외국인 주민은 한국 국적을 가진 자와 한국 국적을 가지지 않은 자로 구성된다. 즉, 결혼이민자, 외국인노동자 및 동포비자 소지자 등 한국 국적을 가지지 않은 외국인이 한국 국적을 취득하여 혼인귀화자, 인지귀화자, 기타사유 국적취득자 등이 되어 한국인이 된다. 그들이 장래인구 추계에서 인구절벽을 연기시켰다.

미국은 낮은 출산율에도 불구하고 인구가 지속적으로 증가하는 나라다. 이민자를 받아들이기 때문이다. 노벨상을 수상한 이스라엘의 세계적인 과학자도 국내의 비난 여론에도 불구하고 미국으로 이주하는 실정이다. 더구나 한국과 달리 유럽과 미주지역은 노동자의 가족결합권을 인정하고 있어 이주민이 선호하는 곳이다. 이제 한국도 세계의 우수인력을 유치하고 인구절벽을 연기시키기 위해서는 출산보육 정책과 더불어 외국인(이민) 정책을 강력하게 추진할 필요가 있다.

'대책 없이 밝히는 여자'라는 이름표를 붙이거나 여성의 자궁을 국가의 공공재로 여기는 국가주의에서 벗어나 여성의 몸에 대한 결정권을 여성에게 돌려주기를 바란다. 애국심에 호소하여 출산율을 높이려는 전략은 이제 통하지 않을 듯싶다. 단순기능 인력에 치우친 외국 인력의 다양화가 필요하고 인권 측면에서 가족결합권을 점진적으로 보장해주었으면 한다. EBS의 〈글로벌 아빠 찾아 삼만리〉와 같은 방송을 보면 한국 사회가 E-9 비자의 외국인 노동자 가족의 생이별을 모른 척하는 것 같아 마음이 불편하다. 인권과 다문화 감수성 차원에서 외국인을 이웃이나 친인척으로 받아들일 사회적 준비가 필요하다. 간당간당 절벽에서 떨어지기 전에 말이다.

　　코로나 19로 인한 팬데믹이 전 세계를 강타하던 2020년 11월 한국 사회에 인구 데드크로스 현상이 나타났다. 인구 전문가들이 한국의 인구감소를 예측하고 대응책을 고심했지만 2032년 올 것으로 예측되었던 인구절벽이 보다 일찍 찾아온 셈이다. 그동안 인구증가율이 감소되고 있었을 뿐 실제 인구는 미미하게나마 증가하고 있었다. 그런데 2020년 드디어 출생자의 숫자가 사망자의 숫자보다 적고 인구가 감소하는 첫해가 된 것이다. 한국인이 원하든 원치 않든 한국은 수축사회로 이행하고 있다. 이를 돌파하기 위해 국제이주를 통한 인구의 사회적 유입이 절실하고 다문화 사회로의 이행은 불가피해 보인다.

'우리나라'를 지키는 훌륭한 한국인

피아제(Jean Piaget)는 스위스의 심리학자로서 아동의 인지발달을 연구하였고 그의 이론은 러시아의 인지심리학자 비고츠키(Vygotsky)와 더불어 구성주의 교육학의 양대 산맥을 이룬다. 그의 학문적 성취는 아파트 상가에 입점한 학원의 이름에서도 쉽게 확인된다. 이른바 '피아제 미술학원', '피아제 어린이집', '피아제 키즈 아카데미', '피아제 놀이학교' 등이 그것이다.

피아제에 따르면 인간은 머릿속에 개념의 '도식(Schema)'을 갖고 있다. 참새, 까치, 비둘기 등을 통해 '새'라는 개념을 학습한 경우, 그 아이의 인지 속에는 '새'의 도식이 형성된다. 부리가 있고 날개가 달려 있고, 그 날개를 펼쳐 하늘을 날아다니는 물체가 그 주요 내용이 될 것이다. 어느 날 그 아이가 독수리를 '새'라고 판단했다면 학습된 도식을 잘 적용한 것이다. 그러나 비행기를 보고 '새'라고 판단했다면 기존의 도식에 비행기를 억지로 끼워 맞춘 것이다. 이런 것들을 '동화(同化)'라고 한다.

반면 독수리는 '새'지만 비행기는 '새'가 아니라는 것을 깨닫고 기존의 도식을 수정하여 '비행기'라는 새로운 도식을 생성하는 것을 '조절'이라고 한다. 이처럼 피아제는 동화와 조절을 통해 인간의 인지발달을 설명했다.

이제 경기도의 한 초등학교 교실로 가보자. 그 학교의 인근 지역은 동포비자를 가진 한국계 외국인과 영주권을 가진 외국인 주민이 차지하는 인구 비율이 높은 곳이었다. 그래서 학교에 재학 중인 중도입국 학생이 많아 다문화 중점학교로 지정되기도 했다.

2018년쯤이었을 것이다. 인근 경찰서에 근무하는 경찰관들은 정체성의 혼란을 겪는 다문화 학생에게 한국인으로서의 정체성을 가질 수 있도록 교육 프로그램을 기획했다. 경찰관들은 직업체험을 할 수 있는 프로그램을 마련하여 학교를 방문하였다. 학급의 절반이 다문화 학생으로 구성된 아이들은 경찰복도 입어보고 경찰 오토바이도 구경했다. 경찰관의 품에 안기거나 수갑을 만져보기도 했다. 경찰관이 되려면 어떻게 해야 하는지 질문이 오가기도 했다. 진로 체험교육은 성공리에 마쳤고 이제 경찰서장이 마무리할 차례였다.

"여러분, 열심히 공부해서 우리나라를 지키는 훌륭한 한국인이 되어야겠죠?"
"난 한국인 아닌데…."
"저 러시아 사람이에요."
"전 몽골 사람이요."

"우리나라? 우즈베키스탄?"

"전 우리나라 안 가고 한국에서 살아요."

아이들은 외국인 말투로 명랑하게 대답했다. 경찰서장은 당황했고 이런 민망한 상황에서 담임 교사는 웃음이 터졌다고 한다.

서장은 '다문화 학생'이란 정체성이 흔들리는 아이들로 이해했고 동료 경찰관과 함께 직업 탐구 프로그램을 마련하여 한국 사회와 한국 경찰에 대한 긍지를 심어주고 그들을 '한국인'으로 키우고 싶었던 것이다. 중도입국 학생은 '러시아 사람인데 한국에' 살거나 '몽골 사람인데 한국에' 사는 이민자 정체성이 또렷하다. 또한 출신국 언어와 한국어를 모두 구사하는 이중언어적 정체성도 또렷하다.

학교에서는 한국어를 사용하여 교과 내용을 배우고 의사소통을 하고, 가정에서는 모국어를 사용하여 소통한다. 공식적으로 만나는 사람들과 한국어를 사용하여 대화하고 비즈니스를 하지만, 사적으로 만나는 출신국 커뮤니티에서는 모국어를 사용하여 예배를 보고 정보를 교환한다. 식료품을 구입할 때도 전통시장이나 이마트, 홈플러스와 같은 한국의 매장을 이용할 때도 있고, 아시안 마트, 베트남 마트 등에서 모국의 식재료를 구입하기도 한다. 그들의 삶에 두 개의 언어 세계와 두 가지 음식 세계가 상시 존재하며 서로 갈등하지 않는다.

경찰관의 직업 탐구 수업은 다문화 학생에게 훌륭한

진로 가이드가 되었을 것이다. 그러나 수업 목표에는 동화주의적 접근법(Asssimilationist Approach)이 고스란히 담겨 있다. 한국을 '우리나라'라고 규정하고 중도입국 학생에게 '한국인'이 될 것을 권유함으로써 한국 문화와 한국 사회에 적응하기 위해 출신국 문화를 버리라는 의도가 엿보인다. 그 아이들은 두 개의 문화와 두 개의 언어 사이를 자유롭게 횡단하는 정체성이 있기 때문에 '한국인'이라는 도식 속에 그들을 동화시키기보다 인지를 '조절'하여 다양한 도식을 갖출 필요가 있다.

조선시대 500년 동안 숭유억불 정책을 폈지만 유교문화에 동화되지 않았고, 불교문화가 현재까지 남아 있는 것과 비슷한 이치다. 또한 부산에서 자라서 근무지를 따라 대전 지역에 사는 나의 후배는 여전히 롯데 팬으로 '부산 갈매기'를 목청껏 부른다. '대전'에 사는 '부산 싸나이'를 정체성이 흔들리는 것으로 생각할 필요는 없다. 그리고 대전에 살고 있으니 한화를 응원하는 팬덤을 보이라고 요구하는 것도 이치에 맞지 않다. 이렇듯 특정 지역의 문화로 동화시키고자 하는 의도는 옳지도 않지만 관철되기도 쉽지 않다.

비행기를 '새'의 도식 속에 구겨 넣을 수는 없는 노릇이다. 동화와 조절은 인지 발달뿐 아니라 인간의 문화에도 적용되는 것 같다. 그나저나 '우리나라'라는 이 말, 누군가에게는 애매한 말일 수 있다. 특히 국경을 건너 낯선 땅에서 새로운 삶을 시작하는 이주민들이 증가할수록 '우리'라는 말과 '우리나라'라는 말은 가끔 사회통합을 해칠 수 있는 말이다.

내가 몰랐던 인도

미국의 대학은 건강한 학풍을 위해 학생의 인종 다양성을 매우 중요시한다. 2020년 통계에 따르면, 미국 내 유학생의 출신국은 중국, 인도, 한국의 순으로 많다. 중국은 '계획생육'이라고 불리는 한자녀 정책으로 출생률을 통제했지만 여전히 14억이 넘는 인구 대국이다. 인도는 그보다는 인구가 적지만 현재 인구는 13억 7천 명이고 증가 속도를 고려할 때 2024년을 전후하여 중국의 인구를 추월할 전망이다.

나는 유학생활을 하면서 미국 학생뿐 아니라 외국 유학생과 자연스럽게 만날 기회가 생겼다. 내가 다니던 학과는 중국인이 가장 많고 미국인, 한국과 아랍 유학생에 이어 인도 유학생이 섞여서 공부했다. 아무래도 한·중·일 친구들은 문화적으로 공감을 느낄 부분이 많다. 나보다 두 살 많은 일본 친구와는 입맛도 비슷하고 마음씨도 착해서 친하게 지냈다. 개강파티에서 한국인 후배가 속삭였다.

"난 일본 애들이랑 같이 있으면 마음이 편해요."
"영어 못하는 애들끼리 모여서 마음이 편한 걸까? 중

국이나 아랍 유학생도 영어에 서툴지만 일본 애들처럼 마음이 편하지는 않거든."

"그래도 인도 유학생이랑 비교하면 우리랑 엄청 잘 맞는 거예요."

우리 학과에서 미국인 학생보다 많은 중국인들과도 이런저런 갈등도 있었지만 문화적 친숙함이 기본으로 깔려 있었다. 도저히 이해할 수 없는 문화적 갈등은 아니었다.

그런데 미국에서 만난 인도 유학생은 이해하기 어려운 점이 많았다. 나보다 2년 먼저 박사과정에 들어온 인도 유학생과의 이야기다. 나와 고용계약을 한 교수의 연구과제를 진행하기 위해서는 복사를 해야 했다. 막상 학과의 복사기를 사용하려고 하니 고장은 아닌 것 같은데 도저히 작동이 되지 않아, 이리저리 들춰보던 중이었다.

"찬다니. 복사를 해야 하는데 이게 잘 안 돼. 혹시 너 어떻게 사용하는 건지 아니?"

"글쎄, 나 한 번도 안 써봐서 잘 모르겠네."

"아 어쩌지…."

어쩔 수 없이 복사를 포기하고 박사 조교실로 돌아갔다. 내 자리로 돌아와서 생각해보니 나보다 2년이나 먼저 입학했는데 한 번도 복사기를 사용해보지 않았다는 게 이상했다. 그러다 잠시 후 이메일을 체크해보니 학과의 직원이 나의 다음 학기 재계약을 위해 들러달라는 편지가 와 있어 다시 학과 사무실로 갔다. 그때 나와 함께 입학한 미국인 학생 스테이시에게 찬다니가 복사기 사용법을 알려주고 있었다. 복사기는 아무나 사용하는 것을 막기 위해 비밀번호가 걸려 있다고 설명하며 친절하게 포스트잇에 비밀번호를 적어서 알려주고 있었다. 그것도 내가 보는 앞에서.

며칠 후, 박사 조교실을 같이 사용하던 중국 유학생에게 물어보았다.

"양첸, 너 혹시 복사기 비밀번호 아니?"
"아! 학과 복사기에는 비밀번호가 걸려 있어. 프린트를 할 때도 여기서 프린트를 누른 후, 복사기에 가서 비밀번호를 입력해야 실제로 프린트가 되어 나와. 내가 가르쳐줄게."
"너 혹시 스테이시에게는 가르쳐줬니? 걔도 모르고 있을 텐데."

나는 이미 찬다니가 알려주었다는 말은 하지 않고 물어보았다.

"아직 말을 못했네. 조교 업무를 하려면 스테이시도 알고 있어야 할 거야."

그렇게 첫 학기가 지나고 두 번째 학기가 되었다. 나는 지도교수가 진행하는 이민자녀에게 영어를 가르치는 교육 프로젝트에 참여하게 되었다. 인도 학생과 함께 두 명이서 진행하는 프로젝트 미팅에서 인도 학생이 40분 지각을 했다. 미안하다는 말도 없고 왜 늦었는지 이유를 설명하지도 않고 씩 웃는 것이었다. 나는 속이 부글부글 끓어올랐지만 다그치는 것이 모양새가 좋지 않으니 한 번은 그냥 넘어가자 싶었다. 그다음 미팅에서는 거의 1시간 가까이 지각을 했는데도 또 씩 웃으면서 태연하게 가져온 간식을 꺼내 먹는 것이 아닌가. 나는 화가 나서 프로젝트 회의를 미루고 휙하고 나와버렸다. 며칠 후, 중국 친구 웬징에게 내가 겪은 이야기를 했다.

"인도 학생에게는 화난 얼굴로 고함을 지르면서 이야기를 해야 해. 그러면 라만딥이 나이스하게 행동할걸. 실수를 이해해주면 자기가 계급이 높다고 생각하는 것 같아. 걔가 미국 학생한테는 절대 안 그러거든."

웬징이 평소 인도 유학생에게 명령하듯 하는 말투가 이해가 되면서도 반신반의했다. 이후 라만딥이 예의 없는 행동을 했을 때 나도 인상을 쓰고 언성을 높였다. 나는 관계가 서먹서먹해질 것으로 생각했으나 놀랍게도 그녀는 나에게 다과를 권하고 자기 페이스북을 보여주며 더 상냥해졌다. 그녀의 시아버지는 인도에서 무슨 선거에 출마했고 한창 선거 유세 중인 사진으로 가득했다.

한국인 유학생 모임에서 이 어이없는 일에 대해 이야기를 나눈 적이 있었다. 실험실에서 인도 유학생과 한국인 유학생의 삐걱거리는 스토리는 부지기수였다. 같은 아파트에 살고 있는 한 유학생은 2012년 이면도로에서 교통사고가 났는데 상대방은 외모가 인도계처럼 보이는 젊은이였다. 그는 지금은 바쁘니 나중에 이야기하자며 자기 차량번호랑 전화번호를 적어주겠다며 잠시 볼펜을 가져오겠다고 하고는 자기 차로 가더니 그대로 가버렸다고 한다. 설마 하면서 기다렸지만 오지 않았고 경찰을 불렀다. 외우고 있었던 차량번호를 알려주고 경찰은 차주에게 연락을 취했다. 몇 시간 후에 차량을 고친 후 나타나서는 그런 일이 없었다고 허위 신고라고 진술했다는 것이다. CCTV와 블랙박스가 드문 시절이라 경찰은 누구의 과실인지 판단하기 어렵고 각자의 차량은 각자 고치는 것으로 판단을 내렸다. 나중에 우연히 캠퍼스에서 다시 만나게 되었는데 알고 보니 그는 인도에서 온 박사 후 연구원이었다고 한다.

캐나다 밴쿠버를 방문했을 때 여자 조카에게 물어보았다. 조카는 고등학교 때 이민을 가서 그곳에서 취직하고 있었다.

"너는 성인이 되기 전부터 캐나다로 이민을 와서 영어도 상대적으로 유창하니까 친구도 많고 그렇지?"

"영어를 잘하면 아무래도 유리하죠. 저도 대부분 듣는 입장이지 말을 많이 하지는 않아요."

"난 언어적인 어려움도 있고 문화적으로도 외국인과 마음을 터놓고 사귀는 게 쉽지는 않아."

"우리가 조금만 마음을 열면 외국 사람들 정말 좋은 사람들 많아요. 한국인이 획일적인 문화에서 살아왔기 때문에 다양한 사람들과 협업하고 친구를 맺는 데 어색할 수 있지만 겪어보면 정말 좋은 사람들이 많아요."

"그렇구나. 너는 외국 문화에 적응을 잘 하는 것 같네."

"예, 일본계 사람들은 나이스한 편이고, 중국인이랑도 문화적으로 통하는 게 많아 친하게 지내고 있고요. 대만계도 한국인이랑 정말 잘 맞는 것 같아요. 제 주변에 레바논 친구가 있는데 정이 많고 똑똑하고…. 정말 편견 없이 사람을 대하는 게 중요한 거 같아요."

"인도계는 어때? 인도 문화랑 잘 통하는 것 같아?"

"아. 그건 좀…. 인도 쪽 사람들과는 좀 아닌 것 같아요."

조카도 인도 동료에 대해서는 도무지 알 수가 없다고 힘들어했다. 웃는 얼굴로 친근하게 다가와 이런저런 업무 이야기를 한 후, 팀별 회의를 하게 되었는데 조카가 이야기한 내용을 마치 자신이 오랫동안 궁리를 하다가 아이디어를 발전시킨 것처럼 연기하면서 보고를 했다는 것이다. 그것도 자기 앞에서 천연덕스럽게 발표를 해서 황당했는데 그런 일이 몇 번 더 반복되었다고 한다. 얼굴색 하나 변하지 않는 그 모습에 감당이 안 되어 멀리하는 수밖에 없었다고 덧붙였다. 그만큼 문화적으로 한국인이 이해하기 쉽지 않다는 뜻이다.

다문화-이중언어 교육을 전공한 내가 인도 유학생과의 이런저런 에피소드를 이야기하면 가끔 의아한 표정을 짓는 사람들이 있다.

"저는 박사님이 다문화를 공부했다고 해서, 무조건 외국 사람들 편을 들 것으로 생각했어요. 한국 사람들이 외국 사람 이해해주고 참아야 한다, 뭐 그런 이야기를 할 줄 알았어요."

그럴 때 나의 대답은 이렇다. 이해한다는 것은 덮어놓고 무례함을 참아주는 것이 아니다. 문화 간 차이가 있음을 인지하고 그에 대한 대응전략을 찾아나가는 과정을 포함한다. 인도는 인구 측면에서 중국을 추월할 뿐만 아니라 생산력이나 구매력 측면에서도 부상할 조짐이다. 한국인이 과거에 족보를 소중하게 여기고 고향과 출신 고등학교에 집착했듯이, 인도인은 결혼이나 업무상 신분을 고려하고 그 신분적 위계를 기술한 사전을 참조하기도 한다. 우리는 인도의 신분이 브라만-크샤트리아-바이샤-수드라라는 네 가지 계급이 있다고 배웠지만, 실제 직업과 역사 등으로 세분되어 약 오천 가지쯤 된다고 한다. 빨래를 담당하는 계급, 하수도 청소만 담당하는 계급 등 직업적 분류까지 포함하고 있고 노예계급인 수드라 아래에 닿기만 해도 더러워진다고 여겨지는 불가촉(不可觸) 천민이 있고, 그 아래 쳐다보기만 해도 눈이 오염된다고 여겨져 극도로 천대받는 불가시(不可視) 천민도 있다.

한국어는 존칭이 과도하게 발달해 있어서 상대방의 나이와 사회적 지위를 모르는 상태로는 장시간 대화가 쉽지 않듯이 인도인은 신분제적 계급을 토대로 이야기를 진행한다. 그래서 미국의 회사에서 처음 만난 인도인끼리도 상대의 신분을 캐내려고 다양한 유도질문을 하는 것으로 유명하다.

"너는 인도에서 어떤 음식을 주로 먹었느냐?"

인도 문화권에서는 먹는 음식에도 위계가 있어서 이를 통해 상대방의 신분을 짐작할 수 있다. 카스트 제도의 최상층 계급이 먹는 채식이 가장 우월한 것으로 간주된다. 또한 풀장 파티에 초대해서 브라만 계급이 어깨에 걸치는 실끈이 있는지 파악하려고 애쓰기도 한다. 물론 신분제 사회의 모순을 피해 미국으로 이민을 선택한 IT 계열의 인도인이라면 이런 유도질문이나 본국의 지인을 통한 뒷조사(?) 등이 몹시도 부담스러울 수밖에 없다.

인도인은 청소나 뒷정리하기와 같은 궂은일에는 소극성을 띠는데 이는 궂은일을 하는 것이 자신의 신분을 낮출 수 있다고 보기 때문이다. 전시회 등을 마친 뒤, 사용했던 천막이나 탁자와 쓰레기 등을 내버려 두고 떠나는 경우도 많은데 이를 인도인의 '문제없음(No Problem) 정신'이라고도 한다. 육체적인 작업과 관련된 궂은일을 꺼리는 인도 문화에서는 '대형 사고'가 발생하지 않은 이상 '문제없음'으로 판단하기 때문에 안전관리 혹은 뒷정리를 잘 하지 않는다. 이런 관리를 제대로 하지 않아 '사고'가 생겼을 때 그제서야 어떻게든 뒷정리를 하면 된다는 식이다. 인도인과 계약 시 반드시 뒷정리 문제를 명시해서 계약 불이행 시 위약금 내용까지 포함해야 한다.

가끔 그런 상상을 한다. 찬다니가 포스트잇에 복사기 비밀번호를 적어주고 있을 때, 나는 어이없어하며 가만히 있었고 그것은 '문제없음'의 신호가 되었다. 만약 내가 그 대화에 끼어들어 미국 학생인 스테이시가 보는 앞에서 '너는 거짓말쟁이'라고 항의했다면 그것은 찬다니에게 '사고'가 생긴 것으로 인식되었을 것이다. 또한 라만딥이 자신의 시아버지가 선거 유세중인 사진을 보여주었을 때, "난 너의 가족에게 관심 없어. 다음부터 지각하면 지도교수한테 리포트하고 너를 해고하라고 건의할 거야."라고 말했다면 어떤 일이 벌어졌을지 궁금하다. 라만딥은 더 많은 간식을 가져와 나에게 주었을까?

다문화 교육이란 덮어놓고 외국계 이주민을 도와주고 이해하라고 가르치는 교육이 아니다. 그보다는 문화 간 차이를 이해하고 그 차이가 갈등적 요소로 폭발하기 전에 다양성이라는 유용성으로 전환시키기 위한 대응으로서 교육을 보는 관점이다. '진심은 통한다'라는 생각에서 벗어나 '문화라는 그릇에 잘 담아야 진심은 통한다'는 접근법으로 인도와의 교류를 준비했으면 한다. 인도로 가는 길에는 당혹스러운 갈등과 신경전이 많을 것이다. 나와 중국인 친구처럼 얼굴을 찌푸리고 고함을 지르지 않고 대처할 수 있으면 좋겠다.

협박편지와
문화 다양성

국립과학수사연구원에서 10년 넘게 정보 보안과 디지털 포렌식 업무를 맡았던 분이 우리 대학의 융합보안학과에 교수로 임용되었다. 그 교수님과 만나면 현장의 재미난 이야기를 듣느라 시간 가는 줄 모른다.

"가끔 협박편지의 필체를 감식할 때가 있어요."

교수님이 이야기를 풀어놓기 시작하면 다들 귀를 쫑긋 세우고 듣는다.

"협박편지의 필체에 따라 분류를 하고 분석합니다. 일단 그 분류에 따라 협박범을 프로파일링하는 거죠."

그런데 한 분이 이의를 제기했다.

"요즘 웬만하면 워드로 작성하지 않나요? 이미 사람마다 필체가 다르다는 건 상식인데, 육필로 협박편지를 쓰면 쉽게 덜미를 잡히는데 워드로 치면 검거될 확률도 낮고 안 그런가요?"

듣고 보니 나도 요즘은 워드로 작성하는 것에 익숙해서 공책을 잘 쓰지 않는다. 범죄자가 어지간히 머리가 나쁘지 않은 다음에야 필체가 드러나게 협박편지를 쓸까 싶기도 했다. 어떤 대답이 나올까 궁금하여 과학수사를 맡았던 교수님 얼굴을 빤히 쳐다보았다.

"요즘은 점차 워드로 작성한 편지가 늘어가고 있긴 하죠. 그렇지만 컴퓨터를 켜고, 자리에 착석해서 키보드를 두드리는 동안에 마음이 차분해지기 때문에 범죄로 덜 이어져요. 그래서 협박편지의 경우에는 아직도 육필 편지가 많습니다."

하긴 그렇다. 나도 막 떠오른 새로운 아이디어를 수첩에 잽싸게 적어두지 않으면 잊어버린다. 워드로 쳐서 컴퓨터에 저장해둬야지 하면서 컴퓨터를 켜면 부팅되는 사이에 맥락을 잊어버리거나 흥분되었던 마음이 싹 가신 적이 있다.

"그거 아세요?"

국립과학수사연구원 출신 교수님이 또 재미난 이야기를 해주시려나 보다.

"요즘 한국에도 외국인이 증가하면서 필체가 점점 더 다양해지고 있습니다. 필체 감식하다 보면 다양성에 놀랄 때가 많아요. 재미있습니다."

나는 다문화 이중언어교육을 전공한 이후로 이주배경 학생들의 언어와 문화가 나의 관심사다. 신이 나서 나도 끼어들어 보았다.

"그야 당연하죠. 필체는 언어교육과 관련이 있고, 언어교육에는 문화가 반영되니까 문화권마다 필체가 조금씩 다르죠. 미국인이 쓰는 영어 알파벳 글씨와 동북아 사람들이 쓰는 영어 글씨가 달라요. 그리고 남미계 이주민이 쓰는 영어 알파벳 글씨가 달라서 일반적으로 그냥 봐도 차이를 알 수 있어요."

내가 답을 했더니 어떻게 아느냐고 도리어 신기해했다. 인종 다양성, 문화 다양성, 언어 다양성은 서로 얽혀 있는 개념이다. 필체는 개인적인 것이기도 하지만, 문화 인종적인 특징을 담고 있다는 말이다. 필체의 개인적 차이에도 불구하고 문화 인종적 배경에 따라 큰 묶음으로 분류될 수 있다.

"서양 사람들이 쓴 영어 알파벳은 통통하게 살이 쪘어요. 동아시아 사람들이 쓰는 알파벳은 상대적으로 날씬합니다."

"예 그렇더라고요. 저는 과학수사에 참여하면서 글씨체가 출신 문화권에 따라 다른 걸 보고서 놀랐습니다."

나 역시 미국에서 유학생활을 하는 동안 누군가 강의실에 두고 간 책을 발견했고 책에 쓰인 메모 글씨체를 보고 아시아계 학생의 책이라는 걸 알 수 있었다. 나중에 알고 보니 그 책은 중국 유학생의 것이었다. 영어 알파벳뿐만 아니라 사람들이 쓰는 아라비아 숫자의 모양도 문화권에 따라 조금씩 다르다. 백인계 남미사람들이 쓰는 글씨체는 같은 남미계라고 하더라도 토착 인디오 출신들이 쓰는 글씨체와 조금 다르다고 한다.

글씨는 읽고 쓰기 교육의 결과물이다. 문해교육은 언어교육의 중요한 부분이며, 사회의 문화를 반영하고 있기 때문에 글씨에는 그 사회의 집단문화가 살포시 포개진다. 손글씨에는 개인적 특성과 함께 문화적 배경이 묻어 있기 때문에 문화 포렌식이 가능하다는 말이다. 이민자가 유입되면서 우리 사회에 다양한 민족 집단이 어울려 살게 되면 아마 한국어 필체도 더욱 다양해 질 것이다.

외국인 범죄와 편견

학교 업무와 관련되어 회의를 마친 뒤였다. 국립과학수사연구원에서 디지털 포렌식 업무를 담당했던 우리 대학의 김 교수, 경찰대학을 졸업하고 오랫동안 경찰로 근무하다 임용된 최 교수와 담소를 이어갔다.

"예전과 달리 외국인이 증가하면서 외국인 범죄도 늘었어요."

외국인 범죄라는 주제가 나오면, 나도 모르게 오원춘 사건이 연상된다. 극장에서 본 〈청년경찰〉과 〈범죄도시〉와 같은 영화도 연이어 떠올라 최 교수에게 물어보았다.

"외국인 범죄가 많아진 걸 실감할 정도였나요?"

"그다지 많지는 않아요. 그래도 이전과 비교하면 늘었죠."

당연한 대답일 것이다. 한국인의 인구증가율이 둔화되고 있는 것에 비하면 외국인 주민은 계속 증가추세다. 행정안전부가 발표한 자료에 따르면, 국내 체류 외국인 주민은 200만 명이 훨씬 넘어서고 있으니 말이다. 통계청은 몇 해 전 미래 인구추계에서 인구절벽을 전망하기도 하고 이민 업무를 담당하는 부서에서는 우수한 외국인을 유치하기 위해 노력을 기울이고 있어 한국으로의 국제이주는 점차 증가할 전망이다.

한국의 외국인 정책(혹은 이민 정책)은 단순 기능 인력의 유입을 줄이고 고급인력을 유치하는 방향으로 전환하려고 노력하고 있다. 한국의 대학도 글로벌 네트워킹과 재정 안정화를 위해 유학생 유치 노력을 계속하고 있으며 한국어로 소통이 가능한 외국인에게는 항상 열려 있다. 한국의 대학원에서 박사학위를 취득한 외국인에게는 영주권을 주고 과학기술이나 학문적 성취가 뛰어난 이들에게 국적취득의 기회는 열려 있다. 체육과 예술 영역에서 우수한 성취를 보이는 이들에게도 기회는 항상 열려 있는 편이다.

먼저, 이주민의 증가와 외국인 범죄의 관련성을 살펴보자. 2013년 경찰청 범죄통계에 따르면, 범죄 피의자 숫자가 한국인의 경우 인구 10만 명당 3,388명인 데 비해, 외국인의 경우 1,585명으로 절반에도 미치지 않는다. 또한 2021년 경찰청 분석에서도 체류 외국인은 점차 증가하는데 외국인 범죄는 2017년 이래 감소 추세를 유지하고 있다고 한다. 외국인이 살지 않을 때는 외국인 범죄가 없었지만, 외국인이 한국 사회에 유입되었기 때문에 외국인 범죄가 생겼을 뿐 범죄율은 상대적으로 낮은 편이다. 오원춘 사건이나 실화를 바탕으로 만든 영화 등이 사회적으로 큰 파장을 불러일으켰기 때문에 범죄와 관련하여 외국인에 대한 편견이 커지는 것 같다.

인간은 자신이 속한 집단을 대변해줄 시스템을 가지는

것이 매우 중요하다. 〈청년경찰〉과 〈범죄도시〉와 같은 영화는 한국인 감독이 한국 자본을 바탕으로 주류 한국인의 감성에 적합하도록 제작하여 흥행에 성공한 경우이다. 외국계 이주민이 메가폰을 잡는다면 어떨까? 한국 사회라는 사회문화적 환경에서 외국인이 범죄 피해자가 되는 과정을 리얼하게 보여줄지도 모른다. 더 나아가 실화를 바탕으로 '나쁜' 한국인을 신나게 혼내 주는 액션영화를 선보일 수도 있다. 물론, 한국인이 심하게 망가진 채 피를 흘리는 그런 영화를 한국인이 선뜻 돈을 지불하고 볼지 의문스럽지만 말이다.

최근의 조사에 따르면, 재중동포(이하 조선족) 이주 노동자의 노동형태는 매우 특징적이다. 조선족 여성은 가사도우미, 간병인, 식당 종업원, 청소원과 같은 돌봄 노동과 감정 노동에 종사한다. 한편, 조선족 남성은 일용직 건설업과 농어업 등 산재 위험이 높고 노동 강도가 높은 업종에서 일한다. 그렇다면, 외국인 범죄자들은 어떤 직업군에 있는 사람들일까? 경찰청 범죄통계는 강력범죄와 폭력범죄 두 영역 모두에서 무직자가 1순위임을 보여준다. 한국인도 무직자 및 특정 직업군이 강력·폭력 범죄와 더 높은 상관관계를 보인다. 국적보다는 사회경제적 신분이 범죄율과 상관이 있는 셈이다.

외국인도 사람인데 너그러운 사람도 있고 고약한 사람도 있을 것이다. 외국인이 있으면 외국인과 관련된 범죄도 발생할 것이며, 범죄 피해자도 있고 피의자도 있을 것이다. 그러나 통계 수치가 보여주듯, 인구대비 외국인의 범죄율은 한국인 범죄율에 비해 현저히 낮은 것으로 보고되고 있다. 지금까지 한국의 출입국·외국인청은 범죄 가능성이 낮은 외국인을 잘 선별해서 한국 입국비자를 발급하고 있다는 말이다. 우리는 모두 필체도 다르고 국적도 다르지만, 다양성과 인권이라는 측면에서 이주민과 우리의 모습을 바라볼 필요가 있지 않을까? 영화와 몇몇 범죄 관련된 미디어 때문에 외국인을 범죄와 연결 지어 편견에 휩싸이고 있는 것은 아닐까?

이주민의 정치참여

2012년 결혼 이주여성인 이자스민 씨가 새누리당 비례대표로 국회에 입성하자 그녀의 국적을 빗대 조롱하거나 비난을 퍼붓는 이들이 많았다. 의대 출신인지 아닌지 미인대회 출신자인지 아닌지를 두고 논란이 일기도 했다.

문화 다양성과 인권이 법적으로 보장되어 있는 사회에서도 이주민이 정치에 참여하기는 어느 나라나 쉽지 않다. 이민자의 나라인 미국 내 한인들의 정계 진출도 쉽지 않았다. 1992년 한국계 이민자인 김창준이 공화당을 통해 최초로 미 연방의회에 진출했다. 이후 그는 비리로 정계에서 퇴출됐다. 2009년 뉴저지주의 최준희 시장이 연방의회 진출에 도전했으나 백인들의 텃세로 실패했다. 최 시장뿐 아니라 몇몇 한인 정치인들도 한인끼리의 색깔론과 발목잡기로 연신 어려움을 겪고 있다. 그럼에도 불구하고 인종, 피부색, 성별, 언어, 종교에 상관없이 차별받지 않을 권리가 헌법에 명시돼 있어 대놓고 인종차별적 발언을 할 수 없다. 처벌받기 때문이다.

미국에선 한국어가 여섯 번째로 많이 쓰이는 언어가 될 정도로 한인들이 많아 그들의 의견을 대변하기 위해 비례

대표로 1~3명을 배정하려는 움직임도 있었다. 이렇게 비례대표로 의회에 진출한 한인에게 '너희 나라로 돌아가라'는 등 모욕적인 언사를 하는 이가 있다면 미국 사회는 그에게 불이익을 줄 것이다.

미국과 같은 타국에서는 이민자의 권리와 인권을 주장하고, 한국에서는 이민자를 차별하는 것은 이율배반적이다. 이자스민 씨는 한국인과 결혼한 뒤 귀화해 합법적으로 한국 국적을 취득했고, 매매혼 역시 사실이 아니라고 한다. 그러니 이는 인신공격을 위한 혐오에 가깝다. 그런데 관점을 달리하여, 만약 이자스민 씨가 필리핀에서 경제적 이유 때문에 매매혼으로 한국인과 결혼했다면 그는 정치를 할 수 없는 것인가? 아픔이 있고 경제적 약자이며 덜 배우고 매매혼으로 상처받은 사람에게도 정치적 기회는 열려 있어야 한다.

이자스민 씨는 필리핀계 '한국인'으로서 이주여성의 인권을 위해 노력했고 사회적 네트워킹을 통해 문화 다양성 확보를 위해 활동했다. 2019년 다시 정당에 가입해 정치활동을 계속하고 있고, 2021년 정의당 이주민인권특위 위원장을 맡고 있다. 2016년 탈북한 태영호 외교관도 2020년 21대 국회에 입성함에 따라 점차 국회에 이주배경이 다양한 이들이 목소리를 반영할 수 있는 채널이 생겨나고 있는 것도 사실이다. 현재 한국의 주요 정치인이나 대통령 후보 중에는 법학 전공자와 검사, 판사, 변호사 등 율사 출신이 과도하게 많다. 출신 배경과 문화적 다양성이 현저히 취약하기 때문에 다양성

확보가 필요해 보인다.

농촌 지역의 종갓집 종부들이 점차 외국계 결혼이민자로 바뀌고 있다. 종갓집의 장맛도 베트남계 여성이 전수받고, 종갓집의 제사도 캄보디아계 여성이 이어가는 추세다. 베트남계 며느리의 유입으로 충청북도 영동군과 옥천군과 같은 지방자치단체는 이들을 위한 다양한 행정 서비스를 제공하고 한국의 전통 속에 베트남의 전통이 섞여서 계승되는 독특한 문화지형을 보인다.

마을에는 이들이 낳은 다문화가족의 자녀가 뛰어놀고 있다. 영동군에서 지역아동센터를 운영하는 센터장과 다문화교육 컨설팅을 진행한 적이 있었다. 서울이나 부산처럼 도시 내에서 전보 발령이 나는 지역과 달리 도 단위에서 학교 교사는 대개 도청소재지에 살면서 멀리 군 지역으로 출퇴근을 하는 경우가 많다.

"3~5년 간격으로 교사를 다른 지역으로 이동하는 제도를 좀 고쳤으면 좋겠어요."

"전보제도 때문에 특별한 어려움이 있나요?"

"교사가 와서 지역을 파악했다 싶으면 다른 곳으로 전출을 가요. 한 지역에 오래 근무해야 우리 지역 아이들과 외국계 이주민 엄마에 대해 잘 알 수 있을 텐데 아쉬운 점이 많죠."

센터장은 아쉬움을 토로했다. 일반적으로 교사들은 중

산층이 많이 사는 아파트촌 인근의 학교를 선호하는 경향이 있고, 낙후지역이나 저소득층이 많이 거주하는 지역의 학교는 기피하는 편이다. 그래서 교사의 근무평정 시 낙후지역에 근무한 경우 가산점을 주어 낙후지역의 학교에도 우수한 교사가 배치될 수 있도록 하는 것이 전보발령제도의 장점이다. 그러나 교과 공부와 음악 프로그램을 제공하며 학교 교사와 외국계 엄마 사이를 이어주는 센터 운영자의 입장에서는 여러 가지 아쉬운 점이 있을 것이다.

아이들이 학교에 다니고 커가면 엄마들은 시간적 여유가 생긴다. 이때 외국계 며느리들이 낮시간 동안 산업단지 등에서 근무하기도 하고 지역의 생산성 향상에 기여해서 큰 일꾼으로 인정받고 있다. 또한 이들이 본국의 40~50대 부모와 가족을 초청하는 경우에는 고령화된 지역에 젊은 노동력이 유입되어 농촌과 산업단지의 일손을 돕기도 한다.

서울, 부산과 같은 대도시, 도청소재지 및 시 지역에는 우리가 생각하는 한국인이 여전히 다수를 이루고 있다. 하지만 이 지역을 조금씩 벗어날수록 우리가 예전에 생각하던 '한국인'의 숫자는 점차 줄어들고 있다. '외국인 주민'이라는 이름의 (예비)한국인으로 채워지고 있어 피부색과 문화 다양성의 스펙트럼이 커진다. 지금은 결혼이주민과 그 가족들이 지역 행정에서 정책의 대상이 되고 있다. 그러나 점차 이들의 표를 얻기 위해 선거 공보물이 다국어로 제작되고 종갓집 외국인 며느리가 의사결정에 영향을 미치게 될 것이다.

이주배경 외국인 주민이 많이 거주하는 20개 지역의 국회의원 선거의 공약을 분석한 2019년 정희옥의 연구를 살펴보자. 다문화와 관련된 공약이 아직은 많지 않았음에도 불구하고 18대 총선에서는 8개, 19대 총선에서는 34개, 20대 총선에서는 37개로 점차 증가하는 추세다. 머지않아 결혼이민자 등 외국인 주민이 지방자치단체의 의회에 입성하는 날이 다가올 것이다.

또한 결혼 이민자는 한국 국적을 취득한 후 혼인 귀화자가 될 것이다. 그 아이들은 한국어와 한국문화를 주언어와 주문화로 받아들이되 외국계 문화를 이해하는 새로운 한국인 집단이 될 것이다. 10여 년 전만 하더라도 중도입국 다문화 학생이 일반 학교에서 언어 장벽으로 여러 가지 어려움을 겪는 스토리가 알려지면서 사회적 파장이 일었다. 또한 아빠는 한국인이고 엄마는 외국계 결혼이주민인 국제결혼가정의 자녀가 학교에서 또래 관계를 형성하는 데 다양한 어려움을 겪기도 했다.

그러나 군 단위 지역은 국제결혼이 증가하면서 다문화 가정 자녀가 따돌림의 주체가 되어 한국인 가정의 아이 한 명을 따돌린 사례도 보도되는 실정이다. 명지대 박정호 교수는 전교생이 여덟 명인 학교에 특강을 나갔다가 다문화 학생 여섯 명이 뭉쳐서 엄마와 아빠가 모두 한국인인 학생 한 명을 괴롭히고 있는 것을 목격한 경험을 공유했다(〈중앙일보〉, 2021. 8. 18.). 비대면 수업이 늘어나면서 영어 학력 격차가 점차 커지고 있어 낙후지역의 기초학력과 관련하여 현장 교사와 공동연구를 하던 중 전해 들은 이야기다. 전교생이 30명 남짓한 충북 보은군의 한 학교는 국제결혼가정의 자녀가 다수를 이루고 있다. 한 학생이 선생님과 상담 중 한 말이다.

"왜 엄마는 한국 사람이야? 다른 아이들은 엄마가 외국 사람인데 우리 엄마 아빠만 둘 다 한국 사람이야, 왜 그래? 제가 그렇게 엄마한테 물어봤어요."

즉, 군 소재 학교에서는 국제결혼가정 자녀가 다수가 되고 한국인 가정에서 태어난 자녀가 소수가 되면서 권력관계의 역전현상이 일어나고 있는 셈이다. 국제결혼 가정의 자녀에게도 다문화 감수성 교육이 필요한 이유다. 다문화 교육은 국제결혼가정 자녀의 독점적 권리를 위한 것이 아니라 소수자를 포용하고 갈등을 조정하기 위해 필요하다.

대통령 선거와는 달리 군 지역의 국회의원 선거나 지방선거에서는 점차 이들이 정치의 전면에 등장할 가능성이 커지고 있다. 지역의 인구 구조가 그것을 말해주고 있다. 대한민국의 수도권이나 시 단위 지역에 거주하는 한국인과 군 단위 지역에서 거주하는 이들의 피부색은 유의미하게 달라지고 있다. 다양성을 인정하되, 사회통합을 위해 새로운 대한민국의 비전이 필요하다. 그들의 이주와 생애 경험이 한국 문화 속에 어떻게 깃들 수 있을는지.

대한민국은 현재 세계 10위권의 경제 규모를 자랑하며 '다이나믹 코리아'의 파워를 보여주고 있지만, 그것은 수도권과 광역시 지역에서의 이야기다. 경제 양극화의 결과로 지방에는 일자리도 없고, 좋은 일자리가 있어도 지방에서 번 돈을 인프라가 없는 지방에서 쓸 수도 없다. 다이나믹 코리아의 지방에서는 다른 인종(민족), 다른 언어로 다른 문화가 정착하고 전혀 다른 이야기가 펼쳐지고 있다. 나로서는 그 이야기의 전개를 추측하기 어렵다.

이민자의 미나리와 가야금

2021년 영화계를 휩쓴 영화 〈미나리〉에서 1980년대 K-할머니 윤여정이 툭 던지는 말이다.

"미나리는 어디서든 잘 자라."

한인 이민 1세대 가정의 질긴 삶을 보여주기 위해 미나리가 소환된 셈이다. 미나리는 처음 씹을 때는 아삭아삭한 것 같지만 씹다 보면 질겨져서 결국 이빨에 끼기 일쑤다. 그럴 땐 씹기도 어렵고 뱉기도 난감하다. 미국 교회에 나가면 이질감이 들고 한인 교회에 나가면 진저리가 난다. 이민자의 나라 미국에서도 이주민의 삶은 녹록지 않다.

나에게도 미나리 같은 기억이 있다. 내가 2002년 F-1 비자의 유학생으로 외국 생활을 막 시작했을 즈음 받았던 질문이다.

"너 한국인이면 태권도 잘하겠네?"
나는 고개를 저었다.
"너 어떤 한국 악기 연주할 수 있니?"

마찬가지로 고개를 저었다.

"김치 잘 만드니? 나 좀 배우고 싶은데."

나는 김치를 직접 담가본 적도 없고 김치를 좋아하는 편도 아니었다. 나는 쓰리 쿠션을 맞고서 충격을 받았다. 한국인으로서 나의 정체성을 처음으로 응시했다. 언어와 문화가 다른 곳에서 이방인으로 사는 것도 익숙지 않은데 한국인으로서 정체성도 흔들렸던 것이다.

'이러고도 내가 한국인 맞나?'

캘리포니아에서 연구원으로 일하고 있는 친구에게 전화를 걸었다. 대학을 마친 뒤 미국 유학을 시작해서 미국 문화에 익숙한 친구다.

"내가 있는 연구실 대표도 뉴욕에서 태어나고 하버드에서 박사공부를 한 한국계 미국인이야. 정말 핸섬하고 똑똑하거든. 그런데 동부에서 백인 아내와 살다가 캘리포니아에서 정착한 계기가 말이야…."

캘리포니아를 여행하던 도중 거리 여기저기에서 아시아계 경찰을 본 후, 그 한인 의학박사는 캘리포니아에 정착하기로 마음먹었다고 한다. 뉴저지에서 '공부 잘하는' 아시아 사람으로 살았고. 무례한 백인이나 흑인으로부터 놀림 받을 때 경찰의 도움을 받았다. 공부 잘하는 '연약한' 이주민으로 살다가 캘리포니아에서 도움을 주는 아시아계 경찰과 재기발랄한 한인이 널려 있는 걸 보면서 마음이 해방되는 걸 느꼈다고 한다.

"한인이 범죄까지 저지르다니 캘리포니아는 아시아계의 땅이군."

한인 범죄자까지 널려 있는 걸 보면서 더욱 마음을 굳히는 계기가 되었다고 한다.

"외국에 살면 이방인이라는 생각 때문에 힘들거든. 그런데 또 자기가 딱히 한국인다움을 갖추지 못한 것 같은 생각이 들어 힘들기도 해. 내가 누구인가, 그런 생각을 하는 거지."

한인 자녀가 하버드에 입학했다거나 의사 변호사가 되었다는 이야기는 드물지 않다. 높은 교육열로 자식을 좋은 대학에 보내기 위해 안간힘을 썼다. 부모세대는 세탁업 등에 종사하면서 화학약품에 손가락 마디마다 거칠어지고 온통 갈라졌고, 추운 냉동고 속에서 하루 종일 닭 내장을 발라내는 일을 하며 시민권을 취득하기도 했다. 1970년대와 1980년대 이민 1세대가 영화 〈미나리〉에서처럼 병아리 감별과 같은 장시간 단순 노동을 하며 희생을 감수하고 자녀 교육에 헌신한 결과다. 자녀가 명문대학에 입학하거나 의사가 되는 것을 한인들은 이민 인생의 성적표로 여기게 된 것이다.

그러나 언어를 세심하게 다루거나 언어적 논리를 깊이 있게 펼쳐야 하는 문·사·철 분야에서 한인의 성취는 쉽지 않다. 소설『네이티브 스피커(Native Speaker)』를 쓴 이창래가 드물게 돋보이는 경우다. 한국계 가정에서 자란 이창래(혹은 주인공 헨리 박)는 영어를 원어민처럼 구사하지만 소설 전체에서 영어 사용에 유려함과 어색함이 겹치고 무언가 숨기는 듯한 문화적 이방인으로서의 정체성과 끊임없이 싸운다. 문화의 용광로라고 불리는 미국에서 이주배경 지식인의 내면에서 긁어대는 언어 문화적 이질감을 읽을 수 있다. 좋은 교육을 받은 이민 2세대에게도 씹기도 어렵고 뱉기도 난감한 미나리는 어쩔 수 없어 보인다.

나는 한국인으로서의 정체성을 여러 차례 고민하며 이빨에 미나리가 낀 듯이 낑낑댔지만, 한국으로 귀국 후에는 그런 생각을 별로 하지 않게 되었다. 최근 나의 친구는 가야금을 배우기 시작했다. 그냥 시작했단다. 이주민에게 정체성이란 스스로에게 던지는 지독한 질문이다.

냄새와 문화

그는 경력에 맞는 직장을 얻었고, 근무환경도 좋은 편이었다. 일가족이 차례로 채용되는 횡재도 누렸다. 그런데 결국 살인자가 되었다. 박 사장은 끊임없이 냄새와 선(線)을 이야기한다.

"그 냄새가 선을 넘지. 가끔 지하철 타면 나는 냄새 있잖아."

가든파티에서 인디언 코스튬을 입고 열일을 했지만 박 사장이 코를 싸쥐고 얼른 열쇠를 내놓으라고 재촉했을 때 그는 기어이 선을 넘고 말았다. 반지하의 묵은내는 지하철과 포개졌고 영화 〈기생충〉은 냄새 때문에 인간이 이성을 잃어 가는 모습을 보여준다. 한국의 사회상을 그린 블랙 코미디는 2019년 웃픈 충격을 주었다.

1657년 런던에서 한 이발사가 냄새 때문에 기소되었다고 한다. 그가 마시는 음료의 '기묘한' 냄새로 이웃은 큰 고통을 받았고 견디지 못한 이웃이 '성가심'을 호소했기 때문이었다. 그 음료는 커피였다. 이발사가 아니라 남작 칭호쯤 가진 어느 귀족이 마셨더라면 이야기는 달라졌을지도. 묵은 냄새뿐 아니라 커피 향도 이렇듯 인간의 이성을 잃게 만든다. 익숙하지 않은 냄새에 사회문화적 편견이 작용하는 사례쯤으로 이해하면 되겠다.

요즘이야 커피는 특유의 향으로 많은 사람들의 사랑을 받고 나 역시 예외는 아니다. 그러나 오랫동안 나는 커피 향에 부정적으로 반응했다. 커피를 파는 다방에서 나는 냄새 때문이었다. 커피 향과 쌍화차와 라면 냄새가 어우러진 시골 다방에서 다방 레지를 보게 되었다. 레트로풍의 잔에 담긴 커피를 보고 있노라면 반사적으로 유년으로 돌아가 쌍화차 냄새와 함께 그녀가 포개진다. 그러나 유럽풍의 커피잔이나 종이컵에 담긴 커피에는 슬그머니 미소를 짓는다. 다방 레지와 바리스타 사이 사회문화적 간극인 것 같다.

어린 시절에는 여름철 땀 냄새 때문에 언니에게 더러 야단을 맞았다. 점차 나이를 먹어가며 냄새 때문에 예민하게 신경을 쓴 적은 거의 없었다. 그러나 미국에서 살면서 냄새에 예민해지게 되었다. 같이 공부하던 한국 유학생 대부분이 냄새에 예민해져 있었다.

"미국 학생들은 특유의 그 냄새가 나거든. 치즈나 소고기를 먹어서 그런가?"

"미국 사람들 누린내. 아, 가끔 힘들어."

"우리도 김치를 먹으니까 우리 몸에서도 나지 않을까?"

"마늘 때문에 한국인들 몸에서 마늘 냄새가 날 거야."
"우리는 못 느끼지만 한국인 특유의 냄새가 난대."
"그래서 난 김치에 마늘을 안 넣어."
"난 아침과 점심은 한국 음식을 안 먹어."

이야기는 미국인의 냄새로 시작해서 항상 김치와 마늘 냄새로 이어지며 자기검열이 이뤄졌다. 다들 몸에서 냄새가 날까 봐 전전긍긍했고 스스로 생활을 통제하고 있었다. 당시 한국 유학생들 사이에서는 냄새 염려증이 떠돌고 있었다. 나도 규칙적으로 향수를 사용했다. 샤워도 자주 했다. 나의 한국인 냄새가 선을 넘을까 내심 불안했다. 십년 후 박사 공부를 위해 미국에 갔을 때는 유학생들 사이에 염려증은 점차 옅어지고 있었다. 한국의 위상이 높아진 덕분으로 보인다.

얼마 전 나는 구글 검색창에 '한국인 냄새 유전'이라는 세 단어를 검색어로 넣어 보았다. 한국인이 세계에서 가장 냄새가 적게 난다는 과학 관련 기사가 튀어나왔다. 염려증은 사회문화적으로 소멸되기 시작하여 과학 기사로 마무리되는 중이었다. 냄새란 주류가 문화적 약자에게 내리는 고약한 문화적 수치심이거나 소수자가 스스로를 규제하게 만드는 사회적 열등감일지도 모른다.

3장
인종 다양성

다문화주의와 인종

현재 한국은 다문화 교육이 정착되고 있지만, 미국 다문화주의의 기초를 다진 데릭 벨(Derrick Bell)은 한국에서는 생소한 이름이다. 미국에서 가장 존경받는 헌법학자인 그는 흑인 최초로 연방 대법관을 역임했으며, 하버드 법대에서 흑인 최초의 종신교수로 임명되었다. 그에게는 '흑인 최초'라는 수식어가 자주 따라붙는다.

하버드 대학에 임용된 후 대학이 아시아계 여성을 종신교수로 임용하기를 거부하자 하버드 대학을 떠났다. 그는 스스로 그 자리를 사임함으로써 하버드 법대 종신교수직을 포기한 최초의 흑인이 되었다. 오리건 대학 재직 시절, 대학이 능력 있는 유색인종 여성을 교수로 임명하는 것을 꺼리자 대학의 인종주의와 성차별적 임용 관행을 비판하며 데릭 벨은 1985년 학장직을 내려놓았다. 인생의 많은 굽이마다 도덕성과 사회적 성공은 자주 충돌한다. 그는 그때마다 바르게 살기를 선택했고 사회적으로 존경받았다.

19세기 말부터 아프리카계 흑인은 그들의 디아스포라의 역사와 문학, 예술, 언어를 학문적 관점에서 다루기 시작했고 이것이 바로 흑인학(Black Studies)으로 탄생했다. 법학을 전공한 데릭 벨은 모든 인간에게 평등하게 적용되어야 할 법이 사실은 흑인을 차별하고 있음을 밝혀내기 시작했다. 하버드 법대를 중심으로 퍼져나간 이 '비판적 법학(Critical Legal Studies)'은 흑인학의 지평을 넓혔고 논리적 체계를 잡아갔다. 비판적 법학은 흑인이 어떻게 합법적으로 소외되고 차별받고 있는지 밝힘으로써 법 개정의 근거를 제시할 수 있었다.

흑인학은 점차 아시아계 이민자, 남미계 이민자, 미국 원주민 등 다양한 인종의 학문으로 퍼져나가며 '비판적 인종이론(Critical Race Theory)'로 발전했고 1960년대 미국 민권운동을 학문적으로 뒷받침하였다. 비판적 인종이론은 기존의 인종이론이 거짓이며 근거 없는 사이비 과학임을 입증했다. 비판적 인종이론이 교육 영역에 적용되어 인종 차별적 교육을 극복하기 위해 탄생한 것이 다문화 교육이다. 워싱턴 대학의 제임스 뱅크스(James Banks)는 '다문화 교육'이라는 용어를 최초로 사용하여 새로운 학문을 개척하였다. '다문화 교육(Multicultural Education)'은 교육 불평등과 인종주의를 비판하고 세계시민성(Global Citizenship)을 강조하고 있다.

이상에서 보듯 '인종'은 다문화주의와 다문화 교육이 출발하는 주요 계기가 되었다. '아프리카계 흑인'의 역사와 디아스포라를 탐구하고 흑인의 정체성을 연구하면서 불평등을 자각하게 된 것이다. 한국인은 다문화를 '외국인'과 연결지어 생각하지만, 다문화 사회를 먼저 경험한 사회에서는 사회 내부의 주류집단과 소수자 사이의 불평등을 인지하고 어떻게 평등을 추구할 것인지에 초점을 맞추고 있다. 때문에 '인종'이 다문화주의의 출발선이라는 점을 잘 이해하고 있다. 즉, 한 사회 내부에서 인종이 다르면 소수자가 되기 십상이고 그래서 삶의 경험이 달라진다. 경험이 달라지면 문화가 달라지고 그들이 사용하는 언어가 달라지기 때문에 인종, 문화, 언어 등이 얽히고 교차되어 다문화 생태계를 형성한다.

오바마 대통령처럼 혼혈 흑인이 백인가정에서 성장하고 백인들이 다니는 사립학교에 다니면서 백인 영어를 배워 표준 영어를 구사하게 되는 경우도 있지만 이는 예외적인 사례에 해당한다. 오바마 대통령도 자신의 인종적 정체성과 문화적 정체성의 불일치에서 갈등하다가 대학원 재학 중 빈민촌에서 법률 봉사를 하며 자신이 '흑인으로서의 정체성'을 갖게 되었다고 고백한 적 있다.

대개 백인은 근교(Sub-urban Area)의 백인 주거지역에서 살면서 개인주의적 문화 속에서 자라면서 백인교회를 다니고 백인 목사의 가르침을 따르고 백인 영어를 습득한다. 반면 흑인은 낡은 원도심 지역(Inner-city Area)에서 살면서 흑인 문화를 배우고 흑인 교회를 다니며 재즈와 흑인영가를 배우고 길거리 농구를 하며 흑인 영어로 의사소통을 하는 경우가 많다.

빈민 지역에서 어린 시절부터 학습된 무기력은 인생을 관통하며 끊임없이 실패로 이어지기도 한다. 동북아시아계 이민자는 캘리포니아 한인 지역이나 백인 지역에 살면서 자녀

교육을 강조하고 흑인을 대상으로 장사를 하는 경우도 많아 인종갈등의 희생이 되기도 한다.

'인종'에 그치지 않고 '인종+젠더'가 결부될 때, 유색인종 여성은 백인 여성이나 백인 남성보다 차별에 취약해진다. 또한, '인종+젠더+언어'가 결부될 때, 언어 구사력이 떨어지거나 사투리를 사용하는 유색인종 여성은 집단 내 소수자로 전락할 가능성이 더욱 높아진다. 인종은 다른 사회문화적 요인과 겹쳐지면 소수자를 더욱 주변화한다.

이렇듯 비판적 법학을 통해 불평등의 원인을 탐구하고 미국 다문화주의와 평등의 기초를 닦은 데릭 벨은 미국 법학 교수들이 뽑은 최고의 교수로 선정되기도 하였다. 그와 한국인이 연결된 고리를 찾자면, 하버드 대학의 석지영 교수를 언급하지 않을 수 없다. 6살에 부모와 함께 미국으로 이민을 간 한국계 미국인 석지영 박사가 2010년 아시아계 여성으로는 최초로 하버드 법대의 종신교수가 되었다. 하버드 법대가 능력 있는 아시아계 여성을 교수로 채용하기를 꺼리자 과감하게 하버드를 떠났던 데릭 벨은 2011년 사망하기 전 석지영 박사가 종신교수가 되는 것을 보았다. 몸소 차별에 저항하며 사회 정의를 실천함으로써 데릭 벨은 바르게 살아도 성공할 수 있음을 보여주었다. 그의 저서『바르게 살아도 성공할 수 있다』는 그래서 우리에게 커다란 울림을 준다.

이렇듯 길게 데릭 벨 이야기를 하는 이유가 있다.『바르게 살아도 성공할 수 있다』의 한국어판을 읽기 시작했을 무렵, 공교롭게도 그 기사들이 쏟아져 나왔기 때문이다. 대학교수들이 자녀의 대학입시를 위해 논문에 자녀의 이름을 공저자로 올리며 연구윤리를 위반했다. 이를 계기로 교육부의 전수조사가 시작되었고, 점검결과는 미성년 자녀를 논문의 공저자로 등록한 사례의 대부분은 이공계열 논문이 압도적으로 많았다.

연구계획서를 내고, 실험 기자재를 구입하고 설치하여 반복적으로 실험을 진행하고, 데이터를 통계처리하고 실험설계를 수정하는 기나긴 과정을 거치면서 논문에 연구자 한 두어 명쯤 끼워 넣는 것이 가능하기 때문일 것이다. 기여도가 미미한 경우에는 연구자로 이름을 올릴 수 없기 때문에 '중요한' 기여도인지 '미미한' 기여도인지 판단하는 것도 연구 책임자의 도덕성에 의존한다. 이공계열 대학교수는 인생의 굽이마다 그의 도덕성이 시험에 들기 십상이다.

그 시험이 자식이나 친구의 자식이 대입을 앞두고 있을 때, 바르게 살기란 쉽지 않았음을 보여준다. 입학사정관 전형이 생긴 이후, 대학교수 부모와 그 동료교수가 논문을 통해 자녀의 대입을 준비해준다는 입소문이 떠돌던 터였다. 연구윤리 조사 대상이 된 이들은 재수가 없었다고 여길지도 모르겠다. 그 소문은 사실로 확인되었고 나의 세상 경험치로는 학생의 기여도가 큰 것인지 아버지의 인맥이 넓은 것인지 가늠하기 어렵다. 인맥이 자본이 되어 그들만의 문화를 서로 공유하며 교육 불평등이 심화되는 사회가 되어가고 있다. 바르게 살아도 세속적으로 성공하고 사회적으로 존경받는 이들을 보고 싶다.

백인 혈통

비판적 인종이론은 기존의 '인종' 개념과 인종주의를 비판한다. 인종주의의 가장 정점에 있는 것은 백인이다. 좀 더 정확하게 말하자면 앵글로 색슨계의 북유럽 백인은 피부색, 두상, 골격과 입술 모양 등의 생물학적 특질을 기반으로 인간을 분류하여 인종주의를 체계화하려고 하였다. 생물학으로 신체 특징을 분류하여 인종주의를 과학의 반열에 올려두고자 하였으나, 인종주의는 그들의 노력에도 불구하고 과학적 근거가 취약한 유사과학일 뿐이다.

  17~18세기 유럽의 인종 분류학자들은 앵글로 색슨계 백인을 머리가 좋고 정서적으로 안정된 종(種)으로 간주하였다. 남부유럽의 라틴계 백인과 동부 유럽의 슬라브족 등을 북유럽 백인보다 생물학적으로 열등한 위치에 배치한 것은 물론이다. 그리고 유럽 각지를 떠돌던 보헤미안 백인과 유대인은 인간의 최하위에 두곤 했다. 이렇듯 유럽계 백인도 철저하게 서열화했던 유럽의 인종주의적 관점에서 사하라 사막 남쪽의 아프리카계 흑인이나 아시아인과 같은 유색인종은 그들이 연구하는 인간의 범주에 두기를 꺼려했을 것이라는 점은 짐작하

기 어렵지 않다.

한국인은 비교적 인종적 차이가 크지 않은 역사적 맥락 속에서 살다가 일본인이 서구 학문을 번역하는 과정을 통해 인종(race)과 민족(ethnicity)의 개념을 접하게 되었다. 또한 그 과정에서 인종을 '백인종', '황인종', '흑인종'이라는 3종 분류로 이해하게 된 한국인은 인종을 피부색으로만 두부 자르듯 분류되는 것으로 오해하기 쉽다. 그러나 유럽인이 인종을 분류하는 기준은 피부색을 기본으로 두고, 두상의 모양, 골격, 입술 모양과 더불어 생활양식과 종교까지 포함할 때가 많다. 인종적 분류를 과학적으로 접근하여 학문으로 체계화하고자 했던 이들의 희망과는 달리 그것은 생물학이나 과학이 아니다. 유럽에서 유래했기 때문에 백인에 대해 상당히 세부적인 기준이 적용되고 아시아인과 아프리카인은 거칠게 통으로 묶어서 처리한다.

이렇듯 17~18세기 유럽에서 태동한 인종주의의 역사를 소개하는 이유는 다문화주의와 다문화 교육에서 인종의 개념이 매우 중요하기 때문이다. 인종주의란 백인이 유색인종을 차별하는 차별의 생태계를 설명하고 있기 때문에 백인은 아무런 차별도 받지 않고 인종적 열등감도 없을 것 같지만 딱히 그렇지도 않다.

아들을 미국에 데리고 갔을 때 언제쯤 영어가 익숙해질까 조바심이 났다. 영어가 미숙해서 미국 학교에 잘 적응할 수 있으려나 걱정도 있었다. 아이는 70대 자원봉사자 할머니에게서 영어를 배웠다. 나 역시 할머니 집으로 놀러 가서 요리도 배우고 식사를 같이하거나 개와 놀면서 미국 중산층 문화를 접할 수 있었다.

우리가 보기에 노마 진 선생님은 백인인 것 같은데, 정작 자신은 자기의 인종에 대해 대답을 망설이는 것을 보고 놀랐다. 선생님의 할아버지가 영국에서 이탈리아로 건너갔고 다시 부친 때 결혼해서 스페인에서 살다가 나중에 가족을 데리고 미국 플로리다로 이민을 왔다고 한다. 그래서 자신은 영국계 혈통도 있지만 이탈리아계, 스페인계, 폴란드계 혈통이 모두 섞여 있어서 백인이라고 말하기 애매하다는 것이다.

'그러니까 노마 진 선생님은 유럽계 백인(European White)이라는 말이잖아. 왜 백인(White)라고 말하기 애매하다는 거지?'

나는 솔직히 이해할 수가 없었다. 다만 인종 문제는 대화의 주제로 그다지 적절한 소재가 아니기 때문에 저렇게 말씀하시나 보다 생각하고 더 이상 묻지 않았다.

"나는 스페인계 아버지와 이탈리아계 미국인 어머니 사이에서 미국에서 태어났어. 스페인어와 이탈리아어 그리고 영어가 모두 우리 집안의 언어(home languages)였지. 영어는 학교 언어(school language)라고 할 수 있어. 나는 영어가 나의 주언어(primary language)이지만 스페인어도 편하게 생각하지."

노마 진 선생님은 인종에 이어 언어까지 덧붙여 설명

한다. 선생님의 조상이 100~150년 사이에 영국, 이탈리아, 스페인을 거쳐 미국까지 이동했다는 이야기를 듣기만 해도 멀미가 났다. 그리고는 우리 아이의 가계 혈통에 대해 물었다.

"저의 조상은 한국의 남동부 밀양에서 300년 동안 살았고 리차드(아들의 영어 이름) 아빠의 조상은 남동부 김천에서 300년 정도 살았어요."

나의 대답에 이상하다는 얼굴로 쳐다보았다.

"그럼 지난 300년 동안 한국인끼리만 결혼을 했니?"

"예."

"300년 동안 한 장소에서 살고 같은 혈통끼리만 결혼하다니 믿기지 않는구나. 혹시 친척끼리 결혼하는 족내혼 풍습이 있니?"

"아니오. 한국인은 친척끼리는 결혼하지 않아요."

"참 특이하구나."

노마 진 선생님이 스스로를 백인으로 분류되기에는 기준에 다소 모자라는 것처럼 이야기하는 것이 우리 가족에게는 신기했다. 그런데 나와 남편의 조상이 한 곳에서 300년씩 살며 한국인끼리 결혼했다는 이야기를 노마 진 선생님이 신기하게 여기는 것도 신기했다.

백인 미국인 친구에게 그 이야기를 했더니 자기도 이탈리아계이기 때문에 엄격히 말하면 백인이라고 말할 수가 없다고 했다. 이탈리아계와 더불어 폴란드계 이민자 할머니와 그리스계 미국인 혈통이 섞여 있다고 덧붙였다.

"넌 피부가 희고 머리카락이 옅은 브라운 색인데도 백인이 아니라고?"

"나의 성씨가 베키오(Vecchio)라서 누구라도 들으면 이탈리아계라는 게 표시가 나거든. 보통 이탈리아계나 폴란드계는 백인이라고 말하기가 좀 그래. 프랑스계는 백인으로 분류하긴 하지만."

"이탈리아 사람이나 프랑스 사람이나 외모는 비슷해 보이는데 프랑스 백인은 백인으로 인정해준다고?"

내가 이상해서 물어보았더니 신기한 대답이 돌아왔다.

"그게 좀 이상하긴 해. 프랑스 사람은 전형적인 북유럽 앵글로 색슨족의 외모와 다르긴 하거든. 그런데 프랑스는 일단 남유럽에 비해 경제적으로 잘 살고 18세기부터 제국의 선두 주자쯤 되니까 백인 국가의 이너 써클에 포함된 것 같아. 널리 퍼진 것에 비하면 인종 개념은 실체가 굉장히 약해. 서구식 매너를 갖춘 부자나라는 백인 국가가 되는 식이랄까."

"…"

나는 순간 말문이 막혔다.
인종주의라고 하면 KKK단이 미국 남부의 아프리카계

흑인에 대해 테러를 가하는 장면을 떠올리거나 1992년 LA 폭동이나 2014년 미주리주의 퍼거슨 사태 등을 연상하며 백인에 의한 흑인(혹은 유색인종) 차별과 대결구도만을 생각하는 경향이 많다. 나 역시 그랬다. 그런데 백인혈통도 그렇게 세분화하는 줄 몰랐던 것이다.

나는 박사논문으로 혼혈 다문화 학생의 언어발달과 교과발달을 통한 정체성을 연구했다. 나의 박사과정 시절 인종과 다문화 교육과의 관계를 연구하기 위해 지도교수와 면담을 할 때 나의 지도교수도 인종(race)과 종족(ethnicity)을 학문적으로 다루려면 매우 세심하게 접근해야 한다고 여러 번 조언해주었다. 자신도 인구조사에서 백인에 표기를 하지만 아일랜드계의 후예이기 때문에 엄밀히 백인이라고 말하기 어렵다는 말을 덧붙였다. 보스턴에서 박사공부를 하며 남편과 사귀게 된 이유가, 같은 아일랜드계라는 점이었다고 한다. 영어의 위세에 눌려 점차 사라지고 있는 아일랜드의 토착어인 게일어 교육정책을 연구하며 정이 들었고 아일랜드계 미국인의 정체성과 전통에 대해 서로 공유하는 점이 많았다고 한다.

이렇듯 영국 옆에 위치한 아일랜드계 조상을 둔 미국인도 앵글로 색슨 백인으로 스스로를 규정하기를 주저했다. 넓은 의미에서 백인이라고 불리는 사람들 중에서도 백인이라고 말하기 주저하는 사람들이 많았다.

'그럼 도대체 누가 백인인 거야?'

나의 마음속에서 의문이 일어났다. 서구의 다문화 사회에서 인종과 혈통의 범주는 백인에게도 은근히 까다로운 것 같다. 그러니 유색인종 소수자에게는 오죽하랴. 인종주의는 유럽인이 비유럽인에 대한 지배를 정당화하기 위한 유사 생물학적 근거를 제공했고 서구사회는 이를 통해 부를 축적할 수 있었지만 지금 그 인종주의로 인해 비도덕적이라는 비난을 피할 수 없게 되었다.

이병헌과 인종주의

한국인의 눈에 배우 이병헌은 건장하고 스위트한 이미지를 풍기는 잘생긴 남자로 보인다. 그는 〈내 마음의 풍금〉이나 〈미스터 션샤인〉과 같은 작품에서는 다정하고 로맨틱한 주인공을 맡았고, 〈좋은 놈, 나쁜 놈, 이상한 놈〉이나 〈내부자들〉과 같은 영화에서는 건달의 모습을 보였다. 〈악마를 보았다〉와 같은 영화에서는 약혼녀의 죽음을 응징하는 잔인한 캐릭터도 소화하며 연기의 폭을 넓혔다.

그는 인터뷰에서 여러 가지 루머를 이야기한 적이 있다. 영화 〈지.아이.조〉를 통해 미국 할리우드에서 인기몰이를 한 그가 미국 관객의 눈에는 게이처럼 보인다는 말을 들었다고 한다. 한국에서 '잘생기고 건장한 남자'의 이미지를 가졌던 그는 자신에게 '게이' 이미지가 붙을 것으로는 아마 상상도 못 했을 것이다. 그러나 유럽에서 태동하고 미국 사회에서 '한 방울 법칙(One-Drop Rule)'*으로 정착한 '인종(Race)'과 '피부색 라

---

* 한 방울 법칙(One-Drop Rule)은 조상 중 유색인종의 피가 단 한 방울만 섞여도 유색인종으로 간주하는 미국 남부의 제도이다. 이를 법률로 제도화하여 32분의 1 이상 흑인 및 유색인종의 혈통일 경우 신분증에 유색인종 (Colored)으로 표기하였다.

인(Color Line)'의 개념이 어떻게 인류를 분류하는지 이해한다면 그다지 의아할 것도 없다.

인종개념은 17세기 자본주의가 등장하면서 노동착취를 정당화하기 위해 만들어진 개념이다. 즉, 인종적 차이가 있어서 인종차별이 생겨난 것이 아니라, 차별하기 위해 차이를 찾아내고 그 차이에 '열등함'이란 의미를 부여한 것이 인종주의다. 피부색 라인에 기초한 인종주의의 가장 정점에 백인이 있고 아프리카계 흑인에게 붙여진 인종주의적 이름은 '무식함', '멍청함', '게으름', '도덕적 열등', '폭력성' 등이 있다.

그렇다면 아시아인에게 붙여진 인종주의적 표식은 무엇일까? '수학적 재능'과 '우수한 학교성적'이라는 이미지는 이미 우리에게도 잘 알려져 있다. 그러나 이외에도 '순응적', '복종적', '온순함' 더 나아가 '나약함' 등이 아시아인의 이미지다. 특히, 한국계, 일본계, 중국계 아시아 이민자에게 부여된 스테레오타입은 두꺼운 안경을 쓰고 공부를 잘하고 사회에 고분고분 잘 적응하는 이민자 집단으로서의 모습이다. 성격이 온순한 데다가 몸집은 왜소해서 물리적 반항을 하지 못한다. 뿐만 아니라 그들만의 외국인 악센트가 묻어 있는 어색한 황인종 영어(Yellow English)로 기본적인 의사소통만 가능하기 때문에 영어로 제대로 된 항의도 하지 못하는 이민자 집단으로 여겨진다.

배우 이병헌에게서 게이를 읽은 그 루머의 진앙은 미

국을 포함한 서구 사회의 '인종주의'다. 불끈불끈 근육을 보여주었을 때 그가 흑인이라면 '무식하게' 근육만 키운 무서운 '니그로(Negro)'가 되고, 그가 아시아인이라면 '성실하게' 근육을 키운 똘똘한 '중국인(Chink)'으로 비칠 가능성이 매우 높다. 배우 이병헌의 동양적 외모는 나약함으로 읽히고, 더 나아가 '남성성'이 거세된 '게이'로 이미지 왜곡을 겪었을 것이다.

'인종 간 결혼금지법'이 1967년 폐지되기 전, 미국은 인종 간 결혼을 허락하지 않았다. 백인 남성은 그 법을 통해 흑인 남성으로부터 백인 여성을 지켰고, 아시아 남성에게 '성적 나약함'이라는 이미지를 씌워 '성적으로 안전'하고 '매력 없는' 남자로 만들어버렸다. 배우 이병헌은 인종주의에 한 방 먹은 유색인종 코리안의 모습일지 모른다.

소설가 김영하는 수필집 『여행의 이유』에서 유럽여행 중 두 명의 백인 여성과의 에피소드를 소개했다. 밤새워 달려야 하는 기차 안에서 백인 여성 두 명이 홀로 여행하는 자신에게 다가와서 밤을 함께 보내자고 제안했다. 칸막이 방의 창가 자리에 여성이 자리를 잡았고 커튼을 쳐야 하는 복도 쪽 자리에 아시아 남성인 자신이 누워 이런저런 이야기를 나누며 밤을 보냈다. 더러 좌석을 오인한 불청객이나 침입자가 있었지만 복도 쪽 자리에 '남성'이 지키고 있어서 그 여성들은 외부로부터 안전했다. 그리고 '아시아계' 남성이라서 칸막이 방 내부도 성폭력으로부터 안전한 상황이 연출되었다. 이런 상황을 소설가 김영하는 백인 여성에게 아시아계 남성은 '숨 쉬는 마네킹'으로 전락했다고 기술하고 있다. 아시아 남성은 성적으로 안전하고 무능하다는 인종적 스테레오타입이 얼마나 널리 퍼져 있는지 잘 보여주는 장면이다. 실제로 아시아 남성 집단이 성적으로 안전하다면 아시아(좁게는 한국)에서 일어나는 많은 성폭력 범죄를 어떻게 설명할 수 있을까?

인류 역사는 사람을 잡아먹는 식인의 풍습이 보편적이었다고 한다. 그것이 조상의 영혼에 대한 존경의 의미일 때도 있지만 대체로 낯선 상대에 대한 두려움이 원인일 경우가 많았다. 다른 부족의 사람을 같은 인류로 느끼지 못했고 그들이 나(우리)를 잡아먹지 않을 것이라는 확신이 없었다고 한다. 그래서 포악한 단백질 덩어리를 먼저 잡아먹어 버리려고 한 것이다. 종족만 달라도 두려움을 느끼던 시절에 피부색이 다른 머나먼 이국의 영장류에게 동질감을 느끼기는 힘들었을 것이다.

근대 식민지 시대 유럽에서 아프리카 소녀를 동물원 우리에 넣고 구경하며 음식을 건네주었고, 일본의 박람회에서 조선인을 진열해 두고 관람한 것에서 알 수 있듯이 유럽인이나 일본인이 다른 민족보다 특별히 더 잔인했다기보다 동일한 인류로 인식하지 못하고 특이한 종(種)에 대한 사회생물학적 관찰이었을 것이다. 조선 후기 제주도에 표류한 네덜란드인 하멜도 그의 해쓱한 피부색과 깊은 눈매로 인해 조선인으로부터 부당한 처우를 받았다는 기록이 있다. 인종적 타인에 대한 제노포비아가 주류사회에 퍼져나갈 때 소수자는 그 고통을 고스란히 감당해야 할 처지에 놓인다.

　　동시대를 살아가는 동지애를 가지기 위해서는 믿음과 상호신뢰가 필요하다는 말이다. 한국 사회가 인종적으로 다양해지고 있다. 민족을 '상상의 공동체(imagined community)'라고 주장한 베네딕트 앤더슨에 따르면 민족은 실재하는 것이 아니라 특정한 시기에 사람들의 경험을 통해 사회적으로 규정된다. '한민족'으로 반만년을 살아온 한국 사회가 인종 갈등에 대처하기 위해 어떻게 신뢰를 쌓을 수 있을까?

인종 차별을 걱정한다고요?

미국에서 사는 동안 친구들로부터 미국에 인종차별이 심하다는데 어떻게 지내는지 안부를 묻는 전화를 자주 받았다. 아마 우리 가족이 걱정스럽기도 하고 실상이 궁금하기도 한 것 같았다. 2012년 트레이본 마틴이라는 흑인 청소년이 남미계 백인 자경단원 조지 짐머만에게 총기 살해되었지만, 플로리다 법률에 의해 정당방위로 무죄판결을 받았다. 인종차별 논란이 컸던 이 사건이 내가 살던 인근 지역에서 벌어졌을 때 특히 걱정스러운 전화를 많이 받았다.

마틴은 해가 지고 나서 외부인 출입이 통제되는 지역에 후드를 뒤집어쓰고 불안하게 걸어갔다. 이를 목격한 자경단원 짐머만은 그 흑인 소년이 약물을 한 것으로 오인하였다. 911에 신고하자 경찰이 직접 출동할 테니 총기를 사용하지 말라고 안내하였으나, 짐머만은 이를 무시하고 마틴을 뒤쫓아갔다. 왜냐면 짐머만은 동네를 지키는 자경단원이었고 자신의 마을을 지켜야 한다는 깊은 신념이 있었다. 그 신념이 말썽이었다. 신념이 인종주의적 편견의 시작일 수 있다는 사실을 깨닫기 전에 정의감에 불타오를 수 있기 때문이다.

마틴은 총기를 가진 백인 짐머만이 늦은 밤 자신을 사냥하듯 뒤쫓아 오는 것에 공포를 느꼈을 것이다. 짐머만은 약물에 취한 흑인 청소년이 어두운 밤에 후드 티셔츠를 뒤집어쓰고 외부인 출입이 통제된 지역으로 숨어들어 동네의 치안을 망쳐놓는 것에 분노하였다. 검은 얼굴에 흰 눈자위를 굴리며 격렬하게 저항하자 짐머만은 공포를 느꼈을 것이다. 그는 총구를 겨누었다.

지구상에서 가장 문명이 발달한 국가에서 서로에 대한 공포와 분노가 총기 살인으로 번졌다. 사건은 무죄로 마무리되었다. 이는 머나먼 과거 식인의 풍습과 고스란히 포개진다. 인종이 다르다는 이유 때문에 같은 인간으로 받아들이지 못하였고 잡아먹힐까 봐 두려워하며 잡아먹는 것과 별반 다를 바가 없다.

2014년 미주리주의 퍼거슨에서 소요사태가 발생하고 경찰의 과잉진압으로 흑인이 사망하는 사건이 발생했을 때도 나의 친구들은 안부를 물어왔다. 아마 한국으로 귀국하지 않았더라면 2020년 조지 플로이드가 경찰관의 과잉진압으로 목이 눌려 사망했을 때도 내 목을 걱정하는 가족과 친구의 전화를 응대해야 했을 것이다. 안부를 묻는 가족과 지인들에게 하는 나의 통상적인 대답은 이렇다.

"아직 미국에서 별스런 인종차별을 당해본 적이 없다."

주립대학이 들어선 도시에서 사는 데다 주로 대학교수나 세계 각국에서 유학 온 대학원생과 어울리기 때문에 다들 친절하고 서로 조심하기 때문이다. 그러니 교환 프로그램이나 단기연수에 참여하거나 석사과정과 박사과정을 거치는 동안에도 그다지 인종문제로 고민할 계기가 없었다.

한국에서 이민 온 영주권자들은 어떻게 느낄까 궁금하여 교민에게 물어보았다. 교민 한 분이 재미있는 이야기를 들려주었다. 처음 이민을 결심할 때 아이들이 미국에서 인종차별을 당할까 봐 고민했는데 남편의 말에 용기를 얻었다고 한다.

"우리가 백인이 아니니까 미국서 인종차별을 받을까 봐 걱정한다. 그러나 인종차별은 상류사회로 갈수록 심해지는데 이민가족이 미국 주류 상류층이 되기는 어렵다. 한국에서도 주류 상류사회로 진입하려면 많은 장벽이 있지만 그건 당연하다고 생각한다. 그런데 미국 상류사회로 진입할 때 겪는 장애에는 예민하게 반응하는 것일 수 있다. 그리고 한국에서 서민들이 겪는 차별이 미국에서 겪는 차별보다 결코 호락호락하지는 않을 것이다."

이후 이민을 결정했고 지금까지 나름 만족하며 산다는 것이다. 미국의 인종문제는 인종개념이 희박한 한국인이 상상할 수 없을 정도로 뿌리 깊지만, 우리가 상상하는 것만큼 적

나라한 낯빛을 띠는 것은 아니다. 왜냐면 한국인은 유사 인종주의적 차별을 일상에서 실천하고 경험하기 때문이다. 미국에서도 한국인들은 흑인을 차별하고 백인 우월주의에 편승하니 말이다. 성소수자, 혼혈인, 성 노동자, 장애인, 종교적 소수자, 지방(시골) 거주민에 대한 한국 사회의 조롱은 때로는 제도적 차별의 수위를 넘어서 집단범죄처럼 느껴질 정도다.

  나는 한국에서 학창시절 여학생으로 살며 차별을 받았다. 결혼 후 K-며느리 경험도 있어 이미 그런 차별에 단련된 채 미국에서 살게 되니 인종차별이란 게 솔직히 싱거울 때도 있었다. 보통의 한국인이라면 인종차별 걱정은 과민하게 할 필요가 없을 듯하다. 때로는 백인에 의한 인종차별보다 아프리카계 미국 흑인이나 인도계 이주민 등 함께 연대해야 할 소수인종에 의한 차별이 더 불쾌하게 여겨질 때가 많았다. 차별을 인지하는 것도 쉽지 않고 건강하게 저항하는 것도 쉽지 않음을 느끼곤 한다.

차별한 사람은
아무도 없어요

수업시간에 나는 한 여학생에게 물었다.

"너는 일상생활에서 여자라서 차별을 받고 있다고 생각하니?"

그녀는 조심스럽게 고개를 끄덕였다. 나는 다른 여학생에게 물어보았다.

"너는 어떠니?"

"솔직히 저도 차별을 받고 있다고 생각해요."

"너를 여자라서 차별한 사람은 어떤 사람들이니?"

"특별히 콕 찍어 누구라기보다 그렇게 생각해요."

나는 그 교실에 있던 남학생을 차례로 쳐다보며 물었다.

"혹시 여자라서 다른 사람을 차별해본 적 있나요?"

남학생 여러 명과 눈을 맞추며 물었지만 모두가 고개를 가로저었다. 여학생들도 다른 사람을 차별한 적이 없다고 답하였다.

아무도 차별한 사람은 없는데 여성은 차별받았다고

느낀다. '성차별하는 사람이 아무도 없는' 성차별적인 사회인 셈이다. 이는 개인적인 차별이 아니라 사회구조적인 차별이기 때문이다. 나는 여학생들이 남성을 혐오하거나, 남학생들은 오해받기 싫어서 여성을 피하는 것을 최선책으로 생각하지 않기를 바란다. 대신, 구조적인 성차별의 관점에서 여성의 삶을 이해하기를 기대한다.

  나는 가족과 떨어져 1인 가족으로 혼자 살면서 집으로 택배를 받거나 배달음식을 시킨 적은 단 한 번도 없다. 나를 스토킹하거나 위협하는 사람은 없지만 해가 지고 나면 혼자서 밖에 잘 나가지 않는다. 밤에 이동할 때는 반드시 자동차를 이용하고 걸어 다니지 않는다. 승용차가 없는 동료 여교수는 공부를 하다가 밤이 깊어지자 귀가를 포기하고 책상에 엎드려 잔 적도 있다. 때로는 깊은 밤 나에게 전화를 걸어 차를 태워줄 수 있는지를 부탁했다.

  부산의 지하철역에서 한 남성이 나를 추행하고 뒤돌아서서 메롱을 날린 적도 있다. 정말 숨을 쉴 수가 없다. 퍼질러 앉아 울고불고할 수도 없고, 쫓아가 메롱을 돌려줄 수도 없는 노릇이다. 자칫 두들겨 맞을 수 있기 때문이다. 신고를 하고 투사가 되거나 여권운동에 한 알의 밀알이 되기를 원치도 않는다. 여성은 삶 자체가 불편하다.

  비슷한 맥락으로 다문화 정책의 밑바탕에는 인종문제가 자주 등장한다. 비판적 인종이론에서는 우리 사회를 '인종차별주의자 없는 인종차별적 사회'라고 규정한다. 아무도 대놓고 차별한 사람은 없고 스스로 인종주의자라고 생각하는 사람도 없는데 우리 사회는 인종차별이 일상화되어 있다.

2020년 5월 25일 아프리카계 미국 흑인 조지 플로이드는 상점에서 위조지폐를 사용했다. 지폐가 위조되었다는 것을 눈치챈 점원이 담배를 돌려줄 것을 요구하였으나 말이 통하지 않았다. 점원은 경찰에 신고를 했다. 경찰관은 전과가 있고 신장이 198cm인 조지 플로이드를 제압하기 위해 무릎으로 그의 목을 8분 46초 동안 눌렀다. 당시 마약에 취해 있던 조지는 저항하지도 않았고 숨을 쉴 수 없다고 호소했지만 비극으로 막을 내렸다. 조지 플로이드의 사망을 계기로 항의시위가 전 세계적으로 확산되었다. 'Black Lives Matter!' 이를 두고 "흑인의 생명도 소중하다"로 번역하지만 혹자는 이는 정확한 의미가 아니므로 "흑인이라서 죽었다"로 번역해야 한다고도 한다. 흑인들의 항의에 백인들도 동참하기 시작했고 한국에서도 시위가 열렸다고 하니 구조적인 차별을 끝내기 위한 세계적인 연대인 셈이다.

대학원 동료였던 제니퍼가 시무룩한 표정으로 한 말이 떠오른다.

"백인이나 아시아인들은 자기가 인종주의자라고 생각하지 않아. 그런데 자기 자식이 흑인과 결혼하겠다고 하면 싫어해. 말로는 고상한 척하면서 자기 삶은 그런 식이야. 인종차별의 일상화된 모습이지. 차별이 정상적인 게 되어가고 있어."

인종주의 사회에서 흑인이 차별당하는 일이 자주 보도되는 한편, 아시아계 청소년이 흑인 학생들에게 위협당하는 일도 드물지 않다. 미국에서 사는 동안 아들은 초등학생 때부터 아프리카계 미국 흑인 아이들과 잘 어울리지 못했고, 스쿨버스에서 불편한 상황이 연출되기도 했다. 영어가 모자라서 그런 것인지 인종적인 이유인지 알 수가 없었다. 흑인 학생과의 껄끄러운 관계는 아들이 보통반(Regular Class)에서 영재반으로 옮기고 만나는 횟수가 줄어들면서 자연스럽게 해소되었다. 중학교에 다니면서 영어가 꽤나 익숙해졌을 때 편하게 지내던 학교 친구에게 물어보았다고 한다.

　　"너희 흑인(Black)은 왜 아시아 애들 괴롭히고 갈구냐?"
　　"야, 그럼 우리가 아시아 애들 괴롭혀야지. 백인 애들 괴롭히려고 하면 상대가 되냐?"
　　"헐…. 같은 유색인종끼리 잘 지내야 하는 거 아냐?"
　　"야, 니네들이 좀 참아. 공부도 잘하고 부지런하고 돈도 많고. 학창시절 아니면 언제 괴롭히겠어. 아시아 애들 모범생이라 살짝 얄밉기도 하고."

　　인종주의적 사회에서 백인문화는 문화의 중심축이 된다. 그래서 나머지 마이너리티 인종은 중심축이 되는 '백인(혹은 백인문화)을 통해' 접촉하고 적응하고 갈등하는 경향이 있다. 백인 대 흑인, 백인 대 미국 인디언, 백인 대 아시아인, 백인

대 아랍인 등이 서로 자주 접촉하는 구조가 펼쳐진다. 그러나 흑인 대 아랍인, 아시아인 대 미국 인디언, 아랍인 대 남미계 히스패닉 집단 간 문화적 접촉은 빈번하지는 않다. WASP 문화*를 중심으로 사회가 조직된 후, 차별받은 마이너리티 집단 간 서로 이해하지 못해 갈등하는 양상을 보일 때도 많다. 백인에게 차별받은 흑인이 또 다른 소수인종인 아시아계 상점을 공격하는 식이다. 인종차별적 사회의 갈등 양상이다.

  검은 옷을 입고 무릎을 꿇고 찬찬히 돌아볼 일이다. 나는 숨 쉬고 있는지, 나는 매뉴얼에 따라 누군가의 목을 누르지는 않았는지, 나는 정말로 차별주의자가 아닌지, 나는 연대해야 할 마이너리티와 갈등하고 있지는 않은지.

---

  * WASP 문화란 White Anglo Saxon Protestant의 첫 머리 글자를 줄인 단어로서, 개신교를 믿는 앵글로 색슨계 백인의 문화를 뜻한다.

옐로 피부색

"같은 아시아 사람끼리 인종차별을 한다고?"

데이지가 눈을 동그랗게 뜨고 물었다. 그녀는 이탈리아계 조상을 가진 미국 백인 학생이었다. '언어교육과 인종'에 관한 세미나에서 한국인이 쓴 논문을 토론하는 자리였다. 그 논문은 동남아시아 외국인을 대할 때와 유럽계 백인을 대할 때 한국인의 태도가 어떻게 달라지는지 실험하였다. 한국인의 인종주의적 인식을 보여주는 꽤나 고전적인 주제를 다루고 있었다.

연구에 참여했던 한국인은 외국인 주민이 어떤 인종이냐에 따라 연상하는 이미지도 달랐고 태도도 달라졌다. 인종주의에 관한 연구는 백인이 유색인종을 어떻게 차별했는지 그간의 관행이 주를 이루고 있다. 인종차별에 저항하는 아프리카계 미국 흑인의 투쟁은 1960년대 민권운동으로 이어졌다. 이후 미국 흑인뿐 아니라 남미계 이민자와 아시아계를 포함하여 유색인종 소수자가 백인 우월주의에 저항하며 미국 사회에 조금씩 인권 개념을 정착시켜나갔다. 그런데 아시아 사람인 한국인이 같은 아시아 사람인 동남아시아 사람에 대해 인종주의적 태도를 보인다는 사실에 매우 놀랐던 것이다.

"한국인과 동남아 사람은 같은 아시아 인종(Asian)이잖아. 그런데 어떻게 그런 일이 있을 수 있어?"

다들 놀라서 한국인 유학생을 쳐다보았다. 생각을 정리하고 있는데 옆에 있던 대학원 후배가 내게 속삭였다.

"차별은 옳지 않다고 말하는 건 수긍하지만, 쟤들은 눈이 없나? 한국인과 동남아시아 사람들이 어떻게 피부색이 같은 인종이라고 생각하는 거죠? 정말로 눈이 잘 안 보이는 걸까요? 어이가 없네요."

당시 내가 어떤 대답을 했는지 기억나지 않는다. 데이지의 질문과 한국인 후배의 불만 섞인 의문은 '인종'의 분류에 대해 생각해보면 답이 보인다. 미국 문화권에서 사용되는 인종은 크게 백인, 흑인, 미국 인디언, 히스패닉, 아시아인, 중동인 등으로 분류된다. 데이지는 한국인과 동북아 사람, 동남아 사람, 인도 사람 등을 모두 아시아인이라는 커다란 범주 속에 넣어 의문을 제기했다. 반면, 한국인 후배는 그 범주 속에 통째로 묶인 아시아인이라는 인종에 별스레 인종적 동질성을 느끼지 못했던 것이다.

인종은 사회문화적으로 발명된 개념이므로 서구인은 백인을 자세하게 구분한다. 앵글로 북유럽 백인, 남유럽 백인, 슬라브계 백인, 히스패닉계 백인 등 다양하다. 반면 아시아계는 통으로 묶어 분류해 버린다. 그러나 한국인은 동북아 아시아인, 동남아 아시아인, 남부 아시아인, 중앙아시아 사람, 중동 사람 등으로 모두 다르게 인식한다. 반면, 백인이면 아주 하얀 백인과 약간 덜 하얀 백인 정도로 구분한다. 사회과학적 개념이나 생물학적 근거가 없다는 증거다.

그런데 얼마 전 인도시장 개척에 대한 유튜브 방송을 듣다가 비슷한 경험을 했다. 인도의 인구는 날로 증가추세이며 경제적으로 성장하고 있어서 한국이 주목해야 할 지역으로 꼽힌다. 한국기업이 인도에 수출할 수 있는 품목을 알려달라고 하자, 인도에서 오랫동안 유통업체 CEO로 활동했던 게스트는 화장품 산업을 추천했다. 인도의 소득수준이 높아지면서 여성들의 관심이 높아졌다는 것이다.

그런데 그는 인도 시장을 목표로 하는 화장품은 '화이트닝'을 강조하면 안 된다고 덧붙였다.

"인도 여성들은 점차 피부 톤에 대한 인종적 정체성이 형성되고 있어요. '나의 옐로 피부가 좋아(I love my yellow skin)'라는 문구에서도 잘 나타나 있죠. 미백이나 화이트닝을 강조하기보다 '브라이트닝(Brightening)'이라는 문구를 써서 화사함을 강조하는 것이 좋을 것 같아요."

이때였다. 한 진행자가 의문을 표시했다.

"근데 인도 사람의 피부색이 옐로는 아니지 않나요?"

또 다른 진행자도 비슷한 의견이었다.

"그래요. 옐로보다는 브라운이라고 해야할 것 같은데요."

진행자들은 인도 여성의 피부 톤이 옐로가 아니라 브

라운이라고 콕 짚어 한국인과의 차이를 언급한 것이다. 한국인보다 피부색이 어둡다는 생각이 또렷이 드러났다. 아마 서구 사회에서 이런 질문을 했다면 아마 그 진행자는 구설수에 올랐을지도 모르겠다. 어쨌든, 피부색으로 동남아 사람(혹은 인도인)과 한국인이 같은 인종이라고 느끼는 한국인은 드물다. 그러나 전통적인 인종 개념을 가진 미국인은 이런 사실에 놀랄 것이다.

'아시아 인종이 아시아 인종을 차별하네. 같은 인종끼리 참 이상하네. 차별하는 다른 원인이 있는지 찾아봐야겠군.'

정도로 생각할 것이다.

피부색이 다르면 화장 콘셉트가 달라지고 화장품도 달라진다. 보통 한국 여성은 색조화장품을 고를 때 21호와 23호 중에서 선택한다. 피부색이 다양한 사회라면 색조 화장품의 가짓수가 달라지고 상처에 붙이는 밴드 색깔도 달라지고 패션도 달라지고 헤어스타일과 염색 색깔도 달라진다. 일상의 경험이 달라지면 삶의 양식으로서 '문화'가 달라진다. 피부는 얇지만 문화는 점차 견고해진다. 그래서 피부색을 보지 말고 그냥 인간을 인간 그 자체로 평등하게 바라보자는 인종 색맹적(color-blind) 해결책은 점차 의미 없는 것으로 여겨지고 있는 것이다.

인종문제를 바라보는
백인과 유색인종의 관점

2015년 박사 졸업을 앞두고 다문화-다인종-다언어 교육에 관한 세미나 수업을 참관했을 때다. 대학원생끼리 열띤 토론이 이뤄졌다. 학생들 중에는 중국 유학생이 가장 많았으며, 한국 유학생, 터키 유학생뿐 아니라 미국 학생이 두 명이었다. 미국 학생 중 한 명은 백인이었으며, 다른 한 명은 아프리카계 미국 흑인이었다. 미국에는 인종차별이 있고 이로 인해 여러 가지 갈등이 야기된다는 일반적인 이야기를 할 때에는 다들 동의하는 분위기였다. 하지만 인종차별은 백인 우월주의에 근거하기에 미국뿐 아니라 다른 나라에서도 유색 인종차별이 공공연히 발생한다는 주제가 나오면서 갑자기 토론은 가열되기 시작했다.

"그럼 오늘 우리 교실에 중국 유학생들이 많으니, 중국 현지에서는 백인 우월주의에 근거한 인종차별이 어떻게 일어나는지 누가 한번 이야기해볼까?"

담당 교수가 질문했다. 그러자 중국 유학생들은 중국에 있는 영어학원에서는 미국에서 자란 중국계 미국 국적 영어강사보다 영어 원어민 백인 강사를 더 선호한다는 이야기를 했다. 이는 영어강사로서의 어학 능력이나 교육 역량보다는 단순히 백인이라는 인종적 특질을 우선시한다는 뜻이었다. 어찌 보면 중국은 미국의 패권주의를 견제하는 국가임에도 불구하고, 현실에서는 중국인 자신들부터 중국계 미국인을 차별하고 백인 우월주의에 동참한다는 의미이다.

이런 사례를 들으면서 '중국도 한국이랑 참 닮았구나'라며 마음속으로 대수롭지 않게 생각하고 있었다. 그런데 수업을 진행하는 교수는 이해할 수 없다며 고개를 갸우뚱했다.

"음…. 백인들은 가능하다면 문화인종적으로 자기들과 비슷한 백인을 선호하지. 그래서 백인 우월주의적 사회 시스템이 더욱 견고해지는 거야. 그런데 놀랍군! 중국에서 중국인이 중국계 미국인보다 백인 미국인을 더 선호하다니 흥미롭군. 그렇다면 한국은 어떤가?"

한국 유학생 중 영어학원에서 원어민 영어강사 채용과 인사를 담당했던 학생 한 명이 자신의 경험을 이야기했다. 같은 조건일 경우, 학원은 당연히 백인 지원자를 채용했으며, 학사학위를 가진 백인 지원자와 석사학위(혹은 TESOL 자격증)를 가진 흑인 지원자가 있을 경우에도 '항상' 백인을 채용했다는 것이다. 학원 내에서도 한국어와 영어를 모두 구사할 수 있는 한국계 미국인 교포는 기초반을 담당하고, 백인 미국인 강사는 고급반을 담당했다고 한다. 백인 미국인 강사가 한국어를 배워 익숙해지면 학원의 대표강사가 된다고 했다. '백인' 영어 강사가 '한국어'를 구사하는 것은 중요한 자산이 될 수 있다.

이런 사례에서 보듯 언어적 문제라기보다는 인종적 측면이 학원 내 채용과 승진에 영향을 미친다는 의미다. 한국인에 의한 유색인 차별이 공공연히 일어나고 있다는 말이었다. 인종차별에 대한 전 지구적 사례들이 제시되고 있을 즈음이었다.

"한국을 인종차별이 극심한 사회로 몰아가는 건 부적절합니다."

그 수업의 유일한 백인 미국 학생이었던 한 학생이 분통을 터뜨리기 시작했다. 모두들 매튜에게 시선이 모아졌다.

"물론 그런 사례가 없는 것은 아니지만, 실력도 없는데 무조건 백인이기만 하면 강사로 채용시켜주는 것도 아니고 한국의 영어학원 원장들을 백인 우월주의자로 몰아가면 안 됩니다."

매튜는 자신이 한국 학생들에게 얼마나 열심히 영어를 가르쳤는지 설명했고 이어 한국인이 얼마나 마음이 따뜻하면서도 합리적인지 덧붙였다. 또한 한국은 학구열이 높고 정이 많으면서 전통적인 가치와 서구적 가치가 잘 조화된 사회라고 강조하였다. 자신이 만난 많은 한국 사람들은 백인이든 유색인종이든 외국인을 그다지 차별하지 않았고, 다양한 문화적 가치들을 존중해주었다는 것이다. 그리고 문화적 차이로 인해 서로 오해를 할 수 있지만 그걸 인종적인 문제로 이슈화하면 더 큰 사회갈등을 만들 수 있다고 우려를 표했다.

한국 유학생은 사례를 통해 한국의 인종주의에 대해 비판하였고 미국인 학생은 한국을 옹호하는 희한한 일이 일어난 셈이다. 사실, 그 백인 학생은 한국에서 10년간 영어학원과 대학에서 영어를 가르쳤고 한국인 아내와의 사이에 딸을 두고 있었다. 그는 한국 대학에 정규직 교수로 갈 계획을 세우고 박사학위 과정을 밟고 있었다. 요즘 한국의 대학들이 국제화 지표를 관리하기 위해 영어강의를 늘리고 외국인 전임교원을 늘리는 추세라 매튜의 꿈은 꽤나 현실성이 있어 보인다.

그 수업에서 중국 학생, 한국 학생, 터키 학생, 흑인 미국 학생 모두 백인 우월주의에 의한 인종차별에 공감했다. 백인 여자 교수는 중립적 입장을 보였고, 영어를 모국어로 하는 백인 남자 미국인만이 유일하게 전 지구적 인종차별을 수긍하지 않았다. 그는 17:1의 토론에서 뜨거운 감자가 되었고, 유창한 영어로 수업 마칠 때까지 백인 우월주의와 인종차별에 대해 문화 차이라는 관점에서 보자고 제안했다. 한국을 꽤나 그리워했다. 지구촌 최대 순혈주의 국가에서도 백인 남자 미국인 영어강사는 별다른 인종차별을 겪어보지 않았던 것 같다. 그의 경험은 '인종차별'이 아니라 '문화 차이'로 다가왔다. 17:1로 좌충우돌하며 한국을 적극적으로 옹호하는 그를 바라보는 유색인들의 마음은 어지럽기만 했다. 나 역시 혼란스러웠다.

'정말 문화적 차이일까?'
'문화만 차이 나는 것일까?'

그 문화적 차이는 인종적 차별에서 비롯된다는 것을 백인 남성은 잘 느끼지 못하는 것 같다. 인종주의의 수혜자로 살아온 이들은 일상화된 인종차별을 잘 이해하지 못한다. 같은 사회에 살아도 인종이 다르면 경험이 달라지고, 일상의 경험이 다르면 문화가 달라지기 때문이다.

인종차별지도와
행복지도

스웨덴 경제학자 두 명이 경제적 자유도가 인종적 편견에 어떤 영향을 미치는지 조사했다. 그들은 인간을 다양한 그룹으로 나누고 각국의 사람들에게 이웃으로 살고 싶지 않은 사람을 선택하라는 질문을 던졌다. 연구결과에 따르면 경제적 자유와 인종적 포용성 정도는 상관관계가 없었다. 그러나 경제적 자유도가 높을수록 성소수자에 대한 포용성은 높았다.

　　인종이 다른 사람과 이웃으로 살고 싶지 않다고 답하는 사람들이 많을수록 그 국가는 인종적으로 포용성이 낮은 것으로 해석했다. 마찬가지로, 성소수자와 이웃으로 살고 싶지 않다는 응답자가 많을수록 그 국가는 성소수자에 대한 포용성이 낮은 것으로 해석했다. 이 연구결과를 바탕으로 〈워싱턴포스트〉지는 전 세계의 인종차별지도를 작성하여 발표하였다. 이 지도는 인종적 포용성이 높을수록 푸른색, 낮을수록 붉은색으로 표시하였다.

　　이 지도에 의하면, 앵글로 색슨 백인국가와 라틴 국가들이 가장 인종적 포용성이 높았고 유럽의 인종적 포용성도 높았다. 일반적으로 인종적 포용성이 가장 낮은 지역은 아랍 지역과 이슬람교를 믿는 지역이었다. 타 인종과 이웃으로 살고 싶지 않다고 응답한 비율이 가장 높은 국가는 요르단과 인도였다. 요르단은 무려 51.4%의 응답자가 다른 인종의 사람과는 이웃으로 살고 싶지 않다고 답해 최고치를 기록했다.

전반적인 흐름에 상치되는 사례도 있다. 유럽은 인종 다양성도 높고 타 인종에 대한 관용성도 높은 편이지만 프랑스는 예외적으로 타 인종에 대해 배타적이었다. 중남미 라틴아메리카는 일반적으로 타 인종에 대한 포용도가 높았지만, 도미니카공화국과 베네수엘라는 예외였다. 도미니카공화국은 이웃 아이티가 군사쿠데타 및 지진 등으로 아이티 난민들이 대거 유입되고 있어 타 인종을 꺼리는 것으로 풀이되었다. 석유수출국인 베네수엘라는 백인에게만 그 부가 집중되어 있어 경제적 문제로 인종 간 갈등이 심하다는 설명이 덧붙여졌다. 이 밖에도 여러 예외가 있고 결론적으로 이야기하자면, 경제적 상황과 인종적 포용성은 상관관계가 없다는 것이다.

〈워싱턴포스트〉지에 한국에 대한 코멘트가 있어 눈길을 끈다. 한국은 교육수준이 높고, 경제적으로 여유로우며, 치안도 잘 되어 있어 여러 가지 조건들이 유럽이나 북미 선진국들과 흡사하지만 인종적 배타성이 매우 높은 나라로 명시하고 있다. 한국인 3명 중 1명꼴로 타 인종과 이웃으로 살고 싶지 않다고 응답했다. 인종차별지도에서 한국은 선명한 붉은색으로 처리되어, 이웃 일본이나 중국보다 인종차별이 심한 국가로 분류되었다. 인도나 요르단보다 나은 것으로 만족해야 할까?

〈워싱턴포스트〉지는 세계의 인종차별지도를 작성하여 발표한 데 이어 세계 행복지도를 발표했다. 인종차별지도에는 다른 인종의 사람과 이웃으로 살고 싶지 않다고 답한 사람이 많을수록 붉은색이 칠해지고 인종적 포용성이 클 경우 푸른색으로 칠해졌다. 세계 행복지도는 어떤 패턴을 나타낼까? 각 나라마다 3,000명을 대상으로 3년간 갤럽조사를 통해 행복지수가 높은 나라는 푸른색으로, 행복지수가 낮은 나라는 붉은색으로 표시했다. 논란의 여지는 있지만 10점 척도로 삶에 얼마나 만족하는지, 어제 기분이 좋았는지, 나빴는지에 대한 응답을 분석하였다. 그렇다면 이 세상에서 가장 행복지수가 높은 나라는 어디일까?

2018~2020년의 국가행복지수 보고서에 따르면 3년간 핀란드(7.84점)가 1위, 덴마크(7.62점) 2위, 스위스(7.57점) 3위, 아이슬란드(7.55점) 4위를 기록하였다. 미국(6.95점)은 18위에 랭크되었다. 한국(5.85점)은 OECD 37개국 중 35위였고 조사대상 149개국 중 62위였으며, 일본(5.94점) 및 중국(5.77점)은 각각 33위와 34위에 올랐다. 2020년은 코로나19로 인하여 전 세계가 팬데믹을 겪었고 우울증도 심해져 행복에 미친 영향이 클 것으로 여겨 2020년만 따로 떼어 보고하였는데 핀란드(7.89점), 아이슬란드(7.57점), 덴마크(7.51점), 스위스(7.50점),

네덜란드(7.50점) 순이었다. 북미권에선 미국(7.028점)과 캐나다(7.025점)가 각각 14, 15위에 올랐다. 한국은 5.79점으로 92개국 중 50위였으며, 동아시아 국가 중에서는 대만(6.751점)이 19위, 일본(6.118점)은 40위, 중국(5.771점)은 52위, 홍콩(5.295점)은 66위에 올랐다. 최하위권(92~95위)엔 인도, 요르단, 탄자니아, 짐바브웨가 있는 것으로 조사됐다. 한국은 2015년 행복지수 5.83점, 2016년 5.85점, 2017년 5.88점, 2018년 5.89점, 2019년 5.87점, 2020년 5.85점으로 2018년 이후 행복지수가 하락하고 있는 것으로 나타났다.

 UN이 국가별 행복지수 리포트를 조사하고 발간하게 된 계기가 흥미롭다. 부탄이 '행복지수'라는 것을 처음 고안하였고 부탄 국민이 여러 가지 측면에서 행복하다는 점을 조사하여 발표함으로써 국민적 긍지를 가지게 하는 데 기여했다. UN은 이를 의미있는 것으로 받아들여 세계 각국의 행복지수를 조사하여 보고서를 배포하게 된 것이다. 그런데 행복지수가 높다고 소문난 부탄은 2021년 보고서에 100위권에 올랐고 2015년 이후 한국보다 지수가 높았던 적이 없다.

 수학을 전공한 영국 워릭대 김민형 교수는 이상의 결과를 해석할 때 설문조사 방식과 응답방식을 조심해서 고려해야 한다고 이야기한다. 자신의 삶의 만족도를 스스로 0점~10점까지 점수를 매기라고 주문하는 방식을 채택하고 있어 조사방식의 한계가 있다는 점이다. 아시아 사람이 응답할 경우 0~10점 중 5점 혹은 5점을 약간 상회하는 점수를 클

릭하여 중간 점수에 수렴하고 있어 서구권 국가와 응답방식에 문화적인 차이가 있다는 점을 지적했다(〈중앙일보〉, 2021. 8. 31).

행복에 관한 UN의 조사에 따르면, 행복은 인간의 기대수명이 길수록 그리고 돈이 많을수록 상관관계가 높았다고 한다. 그러나 이보다 더 중요한 행복 요인은 사회복지제도였다. 즉 건강, 경제적 여유 및 사회복지가 행복의 핵심 요인인 셈이다. 〈워싱턴포스트〉지는 스칸디나비아 국가들이 세계 행복국가의 상위권에 있는 이유도 이것이라고 밝혔다. 실직이나 질병으로 어려움을 겪을 때 공동체가 도와줄 것이라는 믿음이 있어 평소에도 행복하게 살 수 있다는 해석이다. 즉, 허리띠 졸라매고 저금하고 보험 넣고 투기를 하는 대신 세금을 내는 것이다. 은퇴 후 자녀에게 용돈을 받는 것을 기대하지는 않더라도 자식의 삶이 곤궁하면 부모는 생활비를 나눠 쓸 수밖에 없다. 그러니 노후가 편해지려면 자녀가 경제적으로 안정이 되어야 한다. 말로는 아니다 하면서도 결국 자녀의 학원비도 일종의 노후보험인 셈이다.

인종차별지도와 세계 행복지도를 통해 추정해보는 평균적인 한국인의 삶은 대체로 다음과 같을 것이다. 치안이 잘 된 곳에서 교육수준도 높고 평균수명도 길어 나름 만족스럽기도 하고, 다른 유색인종이 이웃으로 함께 사는 건 좀 꺼려진다. 경제적으로는 여유롭지만 사회복지가 완전하지는 않아 큰일이 닥치면 어쩌나 내심 불안하게 살고 있다는 말이다. 그럼에도 불구하고 아시아(한국) 문화에 익숙한 한국인은 대충 5점 근처로 대답을 적당히 마무리하는 경향이 있다.

당신은 어떤가?

"너는 아시아 사람이었니?"

오래전 유학을 준비하던 때였다. 대부분의 미국 대학은 지원서에 나의 인종을 표기하라고 요구했다. 대학원에 진학하는데 나의 인종을 왜 묻는지 당황스러웠다. 내가 한국에서 한국인으로 살 때는 나의 인종을 생각해본 적이 별로 없었다. 더구나 인종에 대한 주제가 나올 때는 백인종, 황인종, 흑인종 3종 세트에서 중간에 위치한 황인종을 고르면 그만이었다. 백인종은 White, 흑인종은 Black이니까 황인종은 Yellow인가 싶었으나, Yellow는 보기에 들어 있지 않았다. '아시아 사람(Asian)'이었다.

'아하 나는 아시아 사람이구나.'

나는 황인종이 아시아 사람이라는 것을 알게 되었다. 백인과 흑인은 색깔로 표현하지만 다른 인종에 대해 색깔로 표현하는 것은 매우 모욕적인 것으로 간주된다. 왜 그런지는 모르겠다. 아시아계 이주민이 구사하는 서툰 영어를 모욕적으로 황인종 영어(Yellow English)라고 할 정도다. 그러나 그게 끝이 아니었다.

인종을 묻는 대학의 인종 분류가 조금씩 달랐다. 나는

어떤 대학에서는 아시아 사람(Asian)으로 분류되었고, 다른 대학에서는 아시아 태평양 섬사람(Asian-Pacific Islanders)으로 분류되었다. 내가 사모아, 피지, 타히티를 포함하는 폴리네시아와 멜라네시아 사람과 같은 인종이라는 사실에 조금은 당황스러웠다.

중국인이나 일본인 등과 같은 인종으로 분류될 수 있다는 점은 수긍할 만하였다. 그러나 동남아를 넘어 인도, 방글라데시와 같은 남아시아와 동일한 인종이라는 점도 이해가 잘 되지 않았는데, 폴리네시아인 혹은 멜라네시아인과 같은 인종으로 묶어 분류되었으니 말이다. 인종을 묻는 질문에 '아시아 태평양 섬사람'을 손수 클릭해야만 했다. 정말 생각지도 못했던 단어로 내가 규정된 것이다.

입학 허가를 받으면 끝인 줄 알았다. 미국에서 사는 동안 중학생 조카가 투덜거렸다.

"시험 칠 때마다 인종을 묻는 건 또 무슨 경우야?"

조카에 따르면, 주 정부에서 주관하는 시험을 치는데 인종을 표기하라고 했단다. 한국에서는 시험을 칠 때 학번과 이름을 쓰면 되는데 미국에서는 인종을 써야 하는 게 당황스러웠던 것 같다.

"너는 아시아 사람이었니? 아시아-태평양 섬사람이었니?"

내가 물었더니, 아시아 사람(Asian)이었단다. 시험은 공부의 정도만 판단하면 되지 인종을 묻는 게 불쾌하다는 거였다. 그래서인지 요즘은 미국에 사는 한국인을 아시아계가 아니라 '한국계(Korean)'로 분류하는 곳도 점차 생겨나는 추세다.

세계는 다양한 인종과 혼혈인에 의한 거대한 다문화 사회로 진입하고 있다. 다양한 인종과 다양한 문화라는 것이 평등하다는 것을 의미하지는 않는다. 오히려 주류문화가 사회적 표준이 되고 소수인종의 문화는 주변화된다는 점이 사회적 갈등의 불씨가 되는 경우도 있다. 인종에 대한 논의를 없애고 개개인의 특성이나 인권, 휴머니즘, 보편성과 상식에 집중함으로써 인종갈등을 없앨 수 있다는 주장도 있었다. 이런 움직임을 '인종 색맹 접근법(Color-Blind Approach)'이라고 한다. 교육, 진로, 진학, 평가 기준, 승진 잣대 등에서 인종을 묻지도 따지지도 말자는 뜻이다.

인종을 고려하지 않고 자신의 적성과 실력대로 진로를 개척하고 승진하는 것은 얼핏 합리적으로 들린다. 그런데 인종 색맹 접근법은 인종차별과 사회적 갈등을 완화하지 못하였고, 차별받던 소수인종은 점차 주변화되고 계층이동이 더 어려워졌다. 피부색과 인종에 따라 삶의 경험이 다르고 언어가 다르기 때문에 결국 문화가 달라진다. 그래서 동일한 교육방법, 동일한 평가 기준, 동일한 입학기준, 동일한 승진 잣대를 적용할 수 없다.

예를 들어, 기존의 교육과정을 모든 인종의 모든 학생

에게 동일하게 적용하여 동일한 잣대로 평가하게 되면 유색인종과 비유럽계 이민자녀의 학업성취도는 낮을 수밖에 없다. 부모가 백인이기 때문에 가정에서 백인 영어를 배워서 백인 영어를 구사하는 학생들은 학교 수업을 잘 이해할 것이다. 또한 백인 영어가 표준 영어로 간주되기 때문에 백인 영어로 답안을 작성하면 좋은 평가를 받는다.

반면, 에보닉스(Ebonics)라고 불리는 흑인 영어(Black English)를 구사하는 학생은 백인 영어로 진행되는 학교 수업을 이해하는 것이 쉽지 않다. 흑인 영어로 답안을 작성하면 틀린 문법으로 이상한 논리를 펼친 것으로 간주되어 좋은 점수를 받기도 어렵다. 결국 낙제생이 되거나 학습 부진아반에 배치되기도 한다. 수업 시간에 흑인 영어로 프레젠테이션을 준비할 경우 백인 영어를 구사하는 교사로부터 좋은 점수를 받기 어렵다. 오바마 전 대통령은 흑인이지만 백인 가정에서 성장하여 백인 영어를 구사하는 것이 선거에서 당선된 것과 무관하지 않다. 선거나 영업 프레젠테이션에서 흑인 영어를 사용할 경우에도 좋은 결과를 장담하기 어렵다. 누적된 학습 부진과 가난 때문에 전문직으로 진출하거나 조직 내에서 승진하기도 쉽지 않다.

그래서 요즘 다문화 다인종 학계에서는 인종을 묻지도 말고 따지지도 말자는 인종 색맹 접근법보다는 교육, 평가, 진학과 계층이동과 관련된 영역에서 인종을 고려하자는 움직임(Color-Sensitive Approach)이 바로 다문화 교육으로 체계화되고 있다. 인종에 따라 적절한 교수법을 사용하여 가르치고, 적절한 평가방식을 적용하자는 것이 문화감응교수법(Culturally Responsive Teaching 혹은 Culturally Responsive Pedagogy) 등으로 등장하고 있다. 또한 대학 진학과 취업에서는 소수인종을 배려하여 일정 비율을 할애하는 적극적 우대조치(Affirmative Action)가 공정의 개념에 더 적합하다는 합의가 이뤄지고 있다. 인종 간 불평등을 줄이기 위해서 여러 채널을 통해 인종 데이터를 수집하고 정책에 반영하고 있는 것이다.

한국도 이주민의 국적과 인종 데이터를 관리하면서 그들에게 불쾌감을 유발할 때가 있다. 글쎄, 인간을 종류별로 구별하는 것을 당장 그만두어야 하는 건지, 불평등을 개선하기 위한 기초조사로서 구별할 필요가 있는 것인지 여전히 논의가 필요하다.

인종과 의료보험

지난 2014년 가을 미국 텍사스주 댈러스에서 에볼라 환자가 사망했다. 그는 라이베리아 출신의 아프리카계 흑인이었고 의료보험이 없는 저소득층이었다. 그가 에볼라 증상을 호소한 뒤 의료진이 적절한 의료조치를 취했는지 논란이 되었다. 전 세계에서 가장 뛰어난 의료기술을 가진 국가에서 인종적 편견과 부의 불평등이 현실에서 어떻게 나타나는지 잘 보여주는 사례다.

라이베리아를 방문했고 미국 텍사스에 있는 가족을 만나기 위해 입국한 후 열이 나기 시작했다. 스스로 에볼라에 감염된 것 같다고 판단할 정도로 이미 증세는 또렷했을 것이다. 전 국민 의료보험이 시행되는 한국에선 의료보험이 없다는 것이 어떤 의미인지 잘 모를 것이다. 미국은 의료비가 비싸기 때문에 이와 비례해 의료보험도 비싸다. 가난한 사람들은 의료보험을 낼 경제적 여유가 없고, 일반 병원에서 보험이 없는 환자는 아예 접수조차 할 수 없다. 보험이 없는 가난한 사람들은 아파서 죽기 일보 직전쯤 되면 대형병원에 딸린 응급실로 간다. 그곳은 의료비는 비싸지만 보험이 없어도 접수가 가능하기 때문이다.

　　이런 사정을 알게 된 나의 사연이 있다. 1인당 의료보험비가 연간 180만 원가량이라 우리 가족이 모두 보험을 들 여유가 없었다. 생활비를 절약하기 위해 아들의 의료보험을 들지 않았다. 그해 아이가 눈병에 걸렸다며 학교에서 아이를 데리고 가라는 연락을 받았다. 보험이 없으니 병원에 접수조차 할 수 없었다. 어쩔 수 없이 무료 진료소라는 곳까지 흘러 들어 갔다.

　　비좁고 남루한―정말 남루했다―진료소에는 플로리다의 뜨거운 날씨에도 두꺼운 겨울옷을 입고 덜덜 떨고 있는 환자들로 가득했다. 모두 피부색이 짙은 흑인이었다. 나는 이상하다고 여기긴 했지만 감기 때문에 오한이 온 것으로 생각했다. 나는 아들에게 눈병이 나서 사람들이 싫어할 수 있으니 다른 사람을 쳐다보지 말고 고개를 숙이고 내 어깨에 파묻혀 있으라고 속삭였다. 대기실 낡은 플라스틱 의자에 냄새나는 옷을 입은 환자들이 줄줄이 앉아 추위에 떨면서 이를 딱딱 맞추는 소리를 들었다.

　　아이를 품에 안고 한 시간 남짓 기다리는 동안 간호사가 문진하는 내용을 우연히 듣게 되었다. 추위에 덜덜 떨고 있는 환자는 모두 HIV 보균자, 즉 에이즈 환자들이었다. 그 순간 너무 놀라 나는 옆에 앉아 있던 아이를 안고 미친 듯이 멀리 떨어져 앉았다. 혹시라도 땀이나 타액으로 아이가 감염될까 봐 옷을 벗어 아이를 완전히 덮고는 정신을 차리려고 애썼다. 예의 없는 행동이란 걸 알았지만 에이즈에 대한 정확한 의학지식이 없는 나로서는 아이를 보호하기 위해 어떻게 해야 할지 알 길이 없었다. 그 환자들 중에는 나의 행동으로 상처받은 이들이 있을 것이다.

무료 진료소를 다니는 동안 단 한 명의 백인도 보지 못했다. 아들의 피부 색깔이 가장 밝았다. 의사와 간호사는 백인 여성이었다. 진료소의 의사는 친절했지만 처방해준 약으로 한 달이 되도록 눈병이 낫지 않았다. 학교에서는 다른 아이에게 전염이 될지 모르니 빨리 치료를 하라고 독촉을 했다. 어쩔 수 없이 대형병원 응급실에 접수를 하고 진료를 받았다. 실력 좋은 안과 전문의는 아이의 눈병이 세균성 결막염이 아니라 알레르기성 결막염이라고 진단해주었다. 대신 하루 진료에 든 비용은 한국 돈으로 100만 원이 훌쩍 넘었다. 기가 막혔다. 자식을 오랫동안 고생시킨 어미의 마음은 괴로웠다.

사망한 에볼라 환자 토마스 에릭 던컨도 우리처럼 망설이다가 대형병원 응급실로 흘러들어 와 죽음으로 내몰렸을지 모른다. 나는 그의 검은 피부와 아들의 노란 얼굴을 떠올렸다. 고열에 피를 토하는 던컨과 핏발 선 눈알을 굴리던 아들이 겹쳐 보였다. 참혹한 죽음 앞에서 아들의 눈병은 어쩌면 엄살일 수 있다. 한국의 정치권에서 간간이 논의되는 의료 민영화의 종착역이 어떠할지 나로서는 상상하기 어렵다.

미국이나 북유럽의 의료체계에 대한 이야기를 듣다 보면 의학기술은 발달했지만 제공되는 의료 서비스는 비싸고 느리고 너무 형편없어서 놀랄 지경이다. 접수를 하면 작성해야 할 서류가 너무 많고, 하염없이 기다리다 보면 도를 닦는 기분이 들었다. 그런데 한국의 의료 시스템을 들여다보면 하루 이틀 쉬면 될 증세에도 환자는 병원을 찾고 병원은 과잉진료를 한다. 병원 문턱이 낮아서 걱정스러울 정도다.

한때는 전 국민 건강보험이 자랑스러웠으나, 가끔은 이런 시스템이 언제까지 유지될 수 있을까, 의문스럽다. 젊은 이들은 상대적으로 건강하지만 인구가 노령화될수록 의료비 부담은 커진다. 건강보험 체제를 유지하기 위해서는 젊은이들이 보험료를 납부하여 미성년자와 노령인구를 부담해야 한다. 생산가능인구가 줄어드는 한국의 인구구조를 생각하면 젊은 인구에게 연금에 더하여 건강보험료까지 너무 큰 부담을 주는 것은 아닐까, 그런 생각이 든다.

스타킹과 피부색

나는 추위를 많이 타는 편이다. 출산 후 증세가 심해져 손발이 얼음장처럼 차갑다. 청주 무심천에 벚꽃이 피고 느닷없이 찾아온 봄기운에 레깅스를 벗고 스타킹을 신으려고 찾아보니 아뿔싸 한 켤레도 없다. 곧장 근처 가게에 들렀더니 중년의 아주머니 한 분이 스타킹을 만지작거리며 고르지를 못하고 있다. 내 것만 두 개를 골라 계산대로 가려는데 들으라는 듯 혼잣말을 크게 하신다.

"없어! 아니, 우리 딸아이가 필요하다는데 하나도 없어!"

못 들은 척하고 가려는데 또 들린다.

"이렇게 많은데 어떻게 한 켤레도 없지. 빨리 사다 줘야 하는데…."

오지랖도 넓게 마트 직원으로 빙의되어 물어봤다.

"어떤 색깔 찾으세요?"

살색 스타킹을 사려는데 하나도 없어 난감하단다.

"제가 골라드릴게요."

혹여 노안이 와서 작은 글씨가 잘 안 보이나 싶어 두어

개 골라드리니 그게 아니란다.

"그건 살구색이고 우리 아이는 살색 스타킹을 원해요."

그제야 상황이 이해됐다. 살색이란 '살갗의 색깔'이란 의미다. 다양한 피부색을 가진 여러 인종이 있는데도 불구하고 '살색'으로 통칭하여 피부색을 한 가지로 지정하는 것은 인종차별적 요소가 짙다. 그래서 2005년 국가인권위원회는 '살색' 대신 '살구색'으로 표현하도록 권고한 바 있다. '정치적 올바름(PC, Political Correctness)'을 생활 속에서 조금씩 실천한 셈이다.

사람의 피부색은 가지각색이다. 크게는 희고 밝은 백인종부터 황인종과 흑인종까지 다양하다. 같은 아시아인의 피부색도 스펙트럼이 다양하다. 한국인 중에도 피부색이 밝은 사람도 있고 어두운 사람도 있으니 피부색을 특정하기 어렵다. 흔히 살구색이라는 이름으로 분류되는 한국의 크레파스 색깔은 피부색으로 보기에는 매우 밝은 편이다. 앵글로 색슨 혈통의 백인들에게나 알맞을 정도다. 백인 위주의 글로벌 사회경제구조 속에서 옅은 색을 피부색의 디폴트값으로 지정하는 것은 백인 위주의 가치를 당연시하는 셈이다.

다양한 사람들이 어울려 사는 다문화 사회는 문화 경제적 편익을 추구할 수 있는 기회를 제공한다. 하지만 인종적 특성과 문화 다양성을 세심하게 존중해주지 않으면 화약고처럼 터져버릴 수도 있다. 세심하고 조심스러워야 한다는 뜻이다. 의료용 밴드를 통해서도 다문화 지표를 가늠할 수 있다.

면도를 하다가 베인 상처에 붙일 밴드를 사기 위해 의료용 밴드를 샀다고 치자. 밝은 살구색 밴드일 경우, 피부색이 어두운 사람이 사용하면 그 상처 위치가 더욱 도드라져 보인다. 반면 밝은 피부 톤 위에 짙은 갈색 밴드를 붙이면 보기가 싫을 것이다. 자신의 피부 톤에 어울리는 의료용 밴드를 '손쉽게' 구할 수 있는가 하는 것은 사회의 다문화 지표 중의 한 항목이다. 실생활에서 세심하게 존중해주지 않으면 화약고처럼 터져버릴 수 있기 때문이다.

한 가지 색깔의 밴드만 살 수 있다는 것은 일상화된 문화 폭력이다. 유럽계 백인은 화이트(White), 아프리카계 흑인은 블랙(Black)으로 불린다. 한국인은 스스로를 황인종이라고 말하지만, 옐로(Yellow)는 아시아인을 지칭하는 모욕적인 말이다. 미국 인디언을 홍인(紅人, Red)이라고 부르고 브라운(Brown)은 피부색이 짙은 남미계 이민자를 의미한다. 특정 색깔이 '살색'으로 규정될 때, 그 색을 갖지 못한 이들은 시스템의 아웃사이더가 된다. 이 세상에 살색이란 색은 없다.

초등학교를 마치고 조카는 내가 사는 플로리다로 건너왔다. 미국에서 학교를 다니고 싶어 했다. 인근 중학교에 입학하고 별 탈 없이 다녔다. 어느 날 사회시간이었다고 한다.

"이모! 오늘 선생님이 두 명씩 짝을 지어서 자신의 장점과 고치고 싶은 점을 써보고 이걸 서로에게 말하면 피드백을 받아서 자신에게 적합한 진로를 찾아보는 활동을 했는데 아이 참…."

"그런데 왜 무슨 일이 있었어?"

"오늘 나랑 짝이 된 애는 흑인 여자애였거든 그런데…."

"그런데 왜?"

"나는 일단 종이에 나의 장단점을 두세 가지를 썼고 신이 나서 개한테 말을 했어. 내 이야기라서 그런지 오늘따라 영어가 잘되더라고. 그런데…. 그 여자애는 아무 말도 없이 가만히 있길래 물었더니 자기는 장점이 없대. 그리고 고치고 싶은 건 피부색이래. 자기는 백인 피부색이 되고 싶대."

"너는 뭐라고 피드백을 줬니?"

"그냥 할 말이 없었어. 둘이서 할 말을 잃고 갑분싸 되어버렸어. 그 상황에서 그런 말을 하면 나더러 어쩌라는 거야. 그 표정이 아직도 어른거려. 그냥 피부색 이런 거 좀 잊고 열심히 공부해서 좋은 대학가고 돈 많이 벌면 되잖아! 안 되나? 아이 참."

같은 또래 여학생의 표정이 자꾸 떠오르는지 조카는 저녁도 먹는 둥 마는 둥 하였다.

"그 상황에서 나한테 왜 그런 말을 하는 거야. 아이 참."

"에잇. 짜증나."

혼잣말을 하기도 하고 혼자 화를 내기도 했다.

"그냥 공부 열심히 하라고 말해줄까?"

"나는 미국인도 아니고 황인종이고 영어도 서툴지만 열심히 공부하고 기계 만지는 거 좋아하니까 기계공학 공부해서 행복하게 살 거다, 이런 말을 해줄까?"
"그렇게까지 실망할 필요는 없다고 말해볼까?"

나는 대학원에 다니면서 인종과 피부색이 어떻게 사회문화적 불평등을 형성하는지 배웠다. 하지만 유색인종 동료로부터 걸러지지 않은 그런 속마음을 듣게 된 적은 거의 없었다. 나이가 어린 아이라서 그런지 수업시간에 짝 활동을 하면서 자신의 인종에 관한 절망감을 내비쳤던 것 같다. 조카 아이가 자꾸 마음을 쓰니 나 역시 마음이 쓰였다. 인종이란 도대체 뭘까?

노예제를 통해 바라보는 역사교육

나는 사범대학을 다니며 전공과 교직과목을 이수했지만 초·중등학교 현장을 직접 참관할 기회는 그리 흔하지 않았다. 대학 시절 학교현장실습 과목에서 교생실습을 한 것이 전부이고 한국에서 교육대학원을 다닐 때도 교육현장을 참관하기는 쉽지 않았다. 그런데 몇 해 전, 다문화 교육이 학교 현장에서 어떻게 실현되고 있는지 참관할 기회가 왔다. 기쁜 마음으로 학교로 달려가서 교장선생님, 연구부장 선생님과 면담을 하게 되었다.

대학시절 이후로 민주화에 헌신하며 오랜 시간 음지에 계셨던 분들이었다. 다문화 학생을 위한 교육에 그들 삶이 고스란히 녹아 있었다. 참관을 시작한 며칠 후의 일이다. 교장선생님이 동양철학에는 있지만 서양철학에는 없는 것이 무엇인지 물어왔다. 전하고 싶은 말이 있어 그렇게 화두를 시작했으리라 짐작하고 응대해드렸다.

"글쎄요. 그게 뭐죠?"

사람(人)이란다. 서양철학의 휴머니즘은 '백인'이지 '사람'이 아니라는 것이다. 그래서 아프리카인을 노예로 삼아 300년 세월 동안 짐승처럼 부려먹었고 그래서 미국의 도덕성을 인정할 수 없다는 것이다. 딱히 틀린 말도 아니다.

그러나 말이다. 미국의 백인은 노예제도가 잘못이라고 시인했고 노예의 후손들은 아직도 역사를 되새기며 사회정의와 평등을 위해 법안을 이끌어내고 있다. 대학입학과 취업에서 적극적 우대정책(Affirmative Action) 등이 그 예다. 흑인 민권 운동가들이 분노에 이글거리는 눈빛으로 연설하는 장면을 보며 섬뜩한 마음이 든 적이 있다. 나는 그토록 분노에 이글거리는 눈빛을 본 적이 없다. 인종적 우월감을 드러내며 차별과 폭력을 자행한 백인들에 대해 나 역시 분노가 일었다. 그러나 인종이 같다는 이유로 선조의 잘못을 통째로 뒤집어 쓴 현재의 백인들을 몰아붙여야 하는 것인지 조심스럽게 의문을 품기도 했다.

물론 현재에도 인종에 근거한 사회 부조리와 불평등에 대한 개선이 필요하다. 때문에 노예의 후예는 분노를 사회개혁의 동기로 삼고 조금씩 차별을 줄이기 위해 노력하고 있다. UN에서 보고서를 작성하는 인종차별지수에 따르면 앵글로 색슨계 국가와 남미 국가들이 인종차별이 가장 적은 것으로 조사되었다고 하니 다행스럽다. 한국처럼 하나의 민족으로 구성된 민족국가는 세계적으로 이례적인 경우에 해당되고 다문화 사회로 이행하는 데 인종·민족적 갈등으로 인한 혼란이 발생할 수 있다.

다양한 인종과 종족이 있다고 해서 혼란이 적거나 인종·민족적 갈등이 적은 것도 아니다. 한족 이외에 55개 소수민족으로 구성된 중국에서 인종(혹은 민족)차별과 공존에 관한 다양한 연구가 진행되거나 다양한 참고문헌*이 유통되기가 어렵다. 반면, 인종의 용광로라고 불리는 미주지역에서 인종주의와 차별에 관한 숱한 연구가 가능한 것만 보아도 백인 우월주의에 근거한 유색인종 차별이 없는 것은 아니지만 인종차별이 상대적으로 적다는 의미로 풀이될 수 있다.

나는 아직 한국인 중 노비의 후손이 분노를 토로하며 노비 소유주의 후손에게 미처 받지 못한 임금을 받고자 하는 움직임을 본 적이 없다. 오히려 대부분의 한국인들은 자신을 양반가의 혈통으로 여기거나 왕조의 후예처럼 행동하여 역사에서 '사람'을 애써 지운다. 미국 사회에서 노예의 후예는 인종적인 차이가 있기 때문에 잊지 않고 지속적으로 저항하는 반면, 한국 사회에서는 스스로를 양반가의 후손으로 여기는 정신승리를 통해 과거의 신분제에 대해 감정이입이 적고 심리적 저항도 적은 것 같다. 식민지 시대와 산업화 시기를 겪으면서

---

* 필자는 2021년 중국의 한 대학교수로부터 다문화 교육과 관련된 원고를 요청받았다. 학부과정에서 한국학을 전공하는 중국 학생을 위한 교재의 한 장(章)으로 사용할 예정이었다. 원고를 송부한 후, 출판이 불가하다며 미안하다는 연락을 받았다. 한국의 다문화 교육에 대한 원고 속에 '미국'이라는 단어가 들어가 있기 때문에 검열을 통과하지 못한 것이었다. '다문화 교육 (Multicultural Education)'이라는 용어는 미국에서 만들어지고 체계화된 개념으로 소수자에 대한 인권과 평등을 위해 다양성을 긍정한다. 한국의 다문화 교육에 관한 원고에 '미국'이라는 단어를 쓸 수 없는 중국의 학풍에서 다문화주의가 정착하기는 쉽지 않아 보인다.

봉건적 신분제가 철저히 해체되고 인종적 차이도 없는 현실에서, 현재 한국인에게 '평등' 개념이 특이하게 자리 잡은 것으로 보인다. 이런 이유로 한국에서는 단시간에 민주주의가 정착할 수 있었을 것이다.

그러나 미국에 삼백 년 세월 동안 노예제가 있었다면 한국에는 더 오랜 세월 동안 노비제가 존속했다. 미국은 1865년 노예를 해방시켰지만 같은 민족을 노예로 삼던 한국은 1894년 갑오개혁 때 비로소 노비해방을 시도했다. 한국의 노예제도는 더 오랜 세월 존속했고 더 늦게까지 존속했다는 사실을 대부분의 한국인은 모를 리 없지만 모른 척한다.

미국의 역사교육에는 억압받던 소수자의 목소리가 담겨 있고 백인의 반성이 녹아 있어, 한국인도 미국의 흑인노예제가 정의롭지 못하다는 것을 알고 있다. 한국의 역사교육에는 노비제를 당연시하는 신분제 관점이 들어 있다. 민주화 세대인 그분이 미국인의 도덕성을 비판할 수 있고 노예제의 부도덕을 그처럼 잘 알고 있는 것은 미국 사회가 논란 없이 역사적 사실을 인정했기 때문이다. 이국땅의 한국인도 제대로 배울 수 있도록 역사왜곡이 상대적으로 적었다는 뜻이기도 하다.

미국과 일본에 대한 혐오 교육이 교장선생님과 교과 선생님을 거쳐 자연스럽게 수업마다 흘러들어 가고 있는 점. 그것은 미국계, 일본계, 중국계 다문화 학생의 자존감을 해칠 수 있다. 참관하는 외부인이 있는데도 이럴 정도면 평소의 수업에서는 어떠할지 걱정스러울 정도였다. 특정 국가의 정책과 그 나라 사람을 분리해서 설명하고 다각도로 이해할 필요도 있어 보인다. 다문화 교육현장에서 미국, 일본, 중국, 몽골과 베트남 등 이웃 국가에 대한 혐오를 주입하여 민족주의적 애국심에 호소할 때, 걱정스럽다. 때로는 애국에서 출발한 혐오를 만날 때 난감하다. 그들을 설득할 수 있을까, 가끔 나 자신에게 물어보기도 한다. 친미주의자, 친일파, 토착왜구와 같은 이름표를 공격적으로 남발하는 사회 분위기 속에서 나는 두려움을 느낀다.

한국에서 역사교육은 자주 도마에 오른다. 정권이 바뀔 때마다 때론 이 부분을 강조하고 때론 저 부분을 축소한다.

우리는 제대로 배우고 잘 배울 수 있을까?

우리 다음 세대는 제대로 배우고 잘 배우고 있을까?

4장
언어 다양성

인종과 언어

인류 역사에서 '인종'이라는 개념을 발명한 것은 과학자였다. 생물 분류학의 아버지라고 불리는 스웨덴의 칼 폰 린네는 18세기 『자연의 체계』를 집필하면서 인간을 동물과 동일한 방식으로 분류하였다. 인간을 분류하는 기준은 피부색이었다. 린네는 결코 인종차별주의자는 아니었지만 그의 분류학은 이후 인종주의적 근거가 되었고 점차 우생학과 인종주의로 내달리기 시작했다. 범죄자, 빈민, 유대인 등 유럽사회의 아웃사이더에 대한 계급적 편견을 과학의 논리로 점차 무장하는 데 기여했다.

생물학, 분류학, 우생학뿐만 아니라 여러 학문 분야도 전방위적으로 인종주의적 편견에 일조했다. 예를 들어, 독일의 미술사가인 빙켈만은 고대 그리스 조각의 예술성을 극찬하면서 하얀 대리석으로 인체(백인의 신체)의 완벽한 아름다움이 표현되었다고 밝혔다. 흰 피부색과 하얀 대리석을 결합시킴으로써 유럽인의 인종적 우월성을 강조하였다. 반면, 중국인의 외모에 대해서는 아름다움에서 이탈한 것으로 기술하였다.

또한 많은 이들이 놓치기 쉬운 것 중 한 가지는 인종주의 형성의 견인차 역할을 한 것이 언어학이라는 점이다. 역사 언어학의 한 분야인 언어계통론(Linguistic Genealogy)은 언어를 서로 비교하는 방법을 써서 언어의 족보와 혈통을 밝히는 학문의 한 갈래다. 이는 생물 분류학 혹은 생물 계통학과 기본 이념을 공유한다. 음가 대응성 및 언어적 친연성을 통해 유럽 언어의 기원을 찾아 올라갔고, 각 언어의 어족(Language Family)을 밝히는 것을 그 목적으로 하였다. 유럽 언어와 인도의 언어는 공통의 조상을 갖는다는 점도 밝혀냈는데, 이들 언어가 바로 인도-유럽어족(Indo-European Language Family)이다.

'아리안' 민족이란 용어 자체가 '인도-유럽 언어를 구사하는 사람'이라는 의미이며, 이는 역사 언어학에서 유래되었다. 이렇듯 언어학은 아리안 백인과 아리안 민족의 언어(즉, 인도-유럽 언어)를 긴밀하게 결합시켰다. 언어적 우월성과 인종적 우월성을 연결시키고, 인종적 편견과 언어적 차별을 연결시킴으로써 언어와 인종의 공진화에 기여했다.

이스라엘 출신의 언어정책학자인 쇼하미(Shohamy)는 언어학자가 언어와 '인간'을 결부시켜 민족국가 형성에 기여했다고 주장한다. 언어학자는 언어의 올바른 형태를 규정하고 그렇게 규정된 것이 '표준어'다. 그 표준어를 '올바르게' 구사하는 사람을 '원어민'이라고 본다. 이들이 그 언어에 대한 권리를 가진 '정당한' 주인인 것으로 여기게 만든다. 반면, 사투리를 구사하거나 외국인 어투로 말하는 사람은 이등 국민, 아류,

이방인으로 여겨진다. 즉, 그 언어를 사용하는 지역에서 언어 소수자가 되고 열등한 인간으로 여겨지는 것이다.

주류집단이 사용하는 언어와 언어 형태는 배울 가치가 있는 것으로 간주된다. 영국 왕실에서 주로 사용되는 'RP(Received Pronunciation) 영어' 혹은 미국 백인들이 광범위하게 사용하는 'GA(General American) 영어'가 이에 해당한다. 뉴욕 등에서 사용되는 동부 영어는 과거의 영국 영어(BE, British English)와 닮아 있다. 뉴욕 영어는 표준 미국 영어 말투와는 다르지만 뉴욕이 금융과 문화의 중심지이므로 여전히 높은 지위를 가진다. 뉴욕을 배경으로 네 명의 여성의 이야기를 다룬 미국 드라마 〈섹스 앤 더 시티〉에 등장하는 여주인공 캐리. 그녀가 세련된 옷에 마놀로 블라닉 명품 구두를 신고 동부 영어를 구사하며 뉴요커 자부심을 내비치는 것으로도 미루어 짐작할 수 있다. 동부 영어가 뼈대 있으면서도 세련되고 부유한 사람들의 언어처럼 들리는 반면, 미국 남부 영어는 고집스럽고 촌스럽다고 여겨진다. 또한 애팔래치아 산맥에 사는 백인 빈민층(일명 힐빌리)이 사용하는 영어와 미국 흑인이 사용하는 AAVE 영어 등은 교정의 대상이 된다.

한국어의 경우에도 '교양 있는 사람들이 두루 쓰는 현대 서울말'로 표준어를 규정하였다. 경상도 방언, 제주도 방언, 문화어(북한식 한국어)와 외국인 말투를 구사하는 사람들은 언어 소수자로 간주된다. 그들은 언어 인종적으로 열등한 것으로 여겨지고 특정 직업군에서는 배제된다. 여러 가지 차별을 받거나 표준어 원어민의 말투를 배우도록 문화적 압박도 받는다. 나는 한때 표준어를 구사하는 친구에게 다음과 같은 질문을 받았다.

"점심 먹었노? 경상도식으로 이 말 맞아?"
"아니. 표준 한국어 의문문이 '~니?' 등으로 끝나는 데 비해, 경상도말은 Yes-No 의문문은 종결어미가 '~나?'로 끝나고, 의문사 있는 의문문의 종결어미는 '~노?'가 되지. 그런 측면에서 경상도 말의 의문문은 영어와 비슷해."

문법 용어까지 사용하며 설명을 해주었다. 하지만 경상도 방언학을 공부할 목적으로 묻는 것이 아니라면 이런 질문을 반복적으로 받는 것은 그리 유쾌한 경험이 아니다. 한 언어를 표준화된 방식으로 구사하지 못하는 방언 사용자에게도 차별과 열등함이 적용되는데, 외국인 말투를 가진 사람들은 말해 무엇 할까. 그들은 일상에서 차별과 불편을 지속적으로 경험하게 된다. 2014년 나는 미국에서 2~5년가량 체류하는 가정의 한국 청소년을 인터뷰한 적이 있다.

"언어가 안 통해서 미국 학교에서 가끔 투명인간이 될 때 힘들어요."
그 아이는 슬프고 답답한 표정을 지어 보였다.
"그렇구나. 투명인간이 될 때 가장 힘들었니?"

"그런데 미국 애들이 나한테 그럼 한국말을 해보라고 시키니까, 정말 기분이 나빴어요. 동물원의 원숭이가 된 기분이었어요. 한국말을 해보라고 하는데 모욕받는 기분이 들었어요."

그 아이는 화가 난 표정이었다. 지역 방언이나 외국인 노동자의 말투는 자주 코미디의 소재로 등장하며 '웃기는' 상황을 만들기도 한다. 그래서 경상도 말씨를 가진 여성은 서울 생활 몇 년이 지나면 본래의 말투를 버리고 서울 방언의 리듬을 획득하는 경우가 많다. 그럼에도 불구하고 서울의 강남지역에는 경상도 방언을 구사하는 남성이 많은 편이다. 이는 강남지역 남성 거주민이 획득한 사회경제적 지위가 문화적 압박을 밀쳐낼 수 있는 힘을 가진 결과로 봐야 한다.

인간(특정 인종)은 자신이 구사하는 언어와 떼려야 뗄 수 없는 연관성을 가지고 있다. 인종적으로 계층화된 사회에서 인간(인종)은 언어 정체성을 사회적으로 획득하기 때문에 언어적 정체성은 자산(capital)이 되기도 하고 열등감의 원천이 되기도 한다. 특정 언어를 더 선호하거나 덜 선호한다는 것은 결국 그 언어를 사용하는 인간에 대한 긍정적 편견 혹은 부정적 편견을 단단하게 하는 결과를 낳는다.

전쟁 같은
'언어 배우기'

한국인은 어린 아이들이 미국에서 1~2년 살다 보면 물레로 실을 잣듯 영어가 술술 나올 것으로 생각하지만 오산이다. 처음 미국에 정착할 때는 꼬박꼬박 학교 다니고 영어 잘하는 미국 아이들과 사귀면 금세 영어가 늘 것이라고 생각했다.

그런데 학교에서는 영어가 서툰 이민자녀와 주로 어울리게 되어 영어 원어민과 어울릴 기회가 적었다. 문제는 그뿐만 아니라 한인 성당에서도 영어가 유창한 또래 아이들이 우리 아이와 어울리기를 꺼린다는 것이다. 영어 못하는 것도 서러운데 미국에서 태어난 시민권자 아이들뿐 아니라 어렸을 때 이민 온 한국 아이들은 한국에서 갓 건너온 아이와 섞이기 싫어하는 것이 한눈에 보일 정도였다. 서로 의사소통이 힘드니까 당연하다 싶지만 그래도 속이 상했다.

한국에서 갓 건너온 아이들은 한국 게임, 한국 예능프로, 한국 걸그룹과 아이돌 스타, '카카오톡'으로 주로 이야기를 풀어간다. 반면, 이민자녀와 시민권자 아이들은 미국 게임, 미국 드라마, 인스타그램, 킥(kik, 채팅 앱)이 화젯거리였다. 서로 관심사가 다르고 그래서 화젯거리도 다른데 사용하는 언어가 다르다 보니 자연스럽게 어울리기는 쉽지 않다. 한국에서 온 지 얼마 안 된 아이가 영어가 유창한 친구를 단짝으로 사귀었다면 정말 운이 좋은 셈이다. 한국에서 갓 온 한 방문교수 가족의 아이 엄마가 자기 아이와 우리 집 아이들이 친하게 지내면 좋겠다며 러브콜을 보낸 적도 있다.

미국에서 학교를 다니면서 원어민에게 영어 과외를 받는다고 하면 믿기지 않겠지만 사실이다. 하루라도 빨리 자녀의 영어실력이 늘어야 학교생활이 가능하고 아이의 자존감도 높일 수 있으니 부모로서는 어쩔 수 없는 부분이기도 하다. 미국에서도 영어를 배우는 것은 전쟁이다. 대부분의 이민자 가정이나 방문학자 가정의 자녀들은 보통 시간당 20달러 정도를 지불하고 영어 과외를 받곤 했다. 내가 살았던 마을에서는 어릴 때 이민을 와서 한국어와 영어를 모두 구사할 수 있고 로스쿨을 졸업하고 이웃 지방에서 검사로 근무하는 한국계 미국인이 가장 유명한 과외 교사였다.

'현직 검사가 영어 과외 아르바이트를 하다니…'

검사라고 하면 권세가 하늘처럼 높고 연봉도 꽤 높을 것으로 생각했다. 주중과 주말을 가리지 않고 한인 자녀를 대상으로 영어 과외를 하는 것이 이상해서 로스쿨에 다니는 친구에게 물어보았다. 미국 워싱턴 D.C의 연방 검사와 달리 지방 검사는 사회적 신분도 낮고 보수도 낮아 아무도 원치 않는 포지션이라고 설명해주었다. 덧붙여, 변호사 중 사건 수임이 어려워 사무실 유지가 힘든 변호사들이 어쩔 수 없이 지원하기 때문에 이직률도 높다고 한다. 그 말이 어느 정도 맞는지 정확히 알 수는 없지만, 법조 체계가 한국과 다르다는 것은 짐작할 수 있었다. 조카 아이가 미국으로 온 직후, 그 미국 검사에게 의뢰했더니 한 자리가 비었다고 해서 수업을 받았다.

"이모. 그 선생님은 프라이드는 하늘을 찌를 것 같은데, 같이 있으면 정말 우울해요. 수업 안 하고 싶어요."
"그래도 엄청 유명한 선생님이니까 두 번 정도만 더 해보고 결정하자."
"유명하다고요? 수업할 때 너무 말이 없는데요. 영어 선생님이 워크시트 주고는 작문 시키고 말없이 우울하게 앉아 있어요."

결국 한 달을 채우지 못하고 다른 선생님을 이리저리 찾아야 했다. 미국에서도 영어를 배우는 것은 쉽지 않다. 조카 아이는 중학교 1학년부터 미국 학교를 다녔는데 영어가 서툴러도 사교성이 좋고 리더십이 있는 편이어서 백인 친구도 잘 사귀고 흑인 친구도 잘 사귀는 편이었다. 학교 복도에 있는 사물함에서 물건을 꺼내고 있는데 동급생 아이가 의도적으로 툭 치고 가면서 사과도 하지 않고 모른 체한 적이 있었는데 조카는 친한 아이들과 무리지어 지나가면서 그 녀석을 툭 치고는 노려보면서 되갚아 주었다고 한다. 영어로는 밀리지만 교우관계로는 밀리지 않는 기질이었다.

보통 아시아계 학생은 흑인 아이들에게 괴롭힘을 많이 당하는 편이다. 아들도 스쿨버스에서 괴롭힘을 당한 적이 있고 흑인 영어를 구사하는 흑인과는 서로 의사소통이 되지 않아 가까이하기를 꺼렸다. 조카는 흑인 남학생들과 잘 지내다 못해 우정을 쌓고 상담까지 하는 스타일이었다. 그래서 조카는 미국 중학생이 사용하는 영어 표현을 많이 알고 듣기도 빨리 향상되었다.

"야, 너 동네 누나를 그렇게 임신시키면 너희 부모님한테 야단맞지 않아?"

만 13세에 아이 아빠가 된 학교의 흑인 친구에게 조카가 물어보았다고 한다.

"우리 엄마도 열네 살에 나를 낳았는걸. 괜찮아."

"너 그 아이 낳을 거야? 결혼할 거야? 앞으로 어쩔 건데?"

"곧 아빠 될 거니까 취직해야지. 고등학교 들어가서 취직을 알아봐야지."

그 이야기를 듣고는 나도 덜컥 겁이 났다. 그래서 아들과 조카를 근처 보건소에 데리고 가서 자궁경부암을 예방해 준다는 가다실 주사를 접종했다. 남자는 자궁경부암에 걸리지 않지만 성생활을 시작하기 전 가다실 주사를 맞으면 성 파트너의 자궁경부암을 예방할 수 있기 때문에 중학생은 남녀 상관없이 무료로 접종받을 수 있었다.

미국에서 생활한 지 4년이 넘어가도록 아들은 영어에 자신이 없어서 걱정을 하곤 했다. 내 전공이 교육학인지라 어디를 가도 학령기 아이들이 어떻게 말을 주고받으며 언어로 인한 권력 구도가 어떻게 전개되는지 유심히 관찰하는 편이다. 매주 한인 성당에서 미사를 드린 후, 친교 시간에 중·고등학생이 모여 앉은 모습이며, 단어 게임을 하거나 휴대전화로 무언가를 보며 이야기를 나누는 모습을 두어 바퀴 돌면서 유심히 보았다.

한인 성당의 중고등부 아이들도 서로 잘 지내는 것 같지만 자세히 보면 어울리는 무리가 조금씩 다르다. 젠더와 사용하는 언어로 크게 분류된다. 여학생은 여학생끼리 서로 속삭속삭 이야기하고 남학생은 남학생끼리 어울리고 게임을 한다. 연극과 같은 성당 행사를 준비할 때는 남녀학생이 같이 모여 앉는다.

아들은 이민 자녀의 무리에 끼여 앉아 한국어와 영어로 이야기를 나누는 경우가 많았다. 영어를 사용하여 주로 이야기를 나누지만 미국으로 건너온 지 1~2년밖에 안 되어 한국어를 위주로 사용하는 아이들의 숫자가 많아지면 자연스럽게 한국어로 넘어간다. 이렇게 한국어로 대화가 이어지면 미국에서 태어난 시민권자 아이들은 흥미를 잃고 대화에서 서서히 이탈한다. 혹은 처음부터 시민권자 아이들은 영어를 사용하며 다른 테이블에 따로 떨어져서 앉는다. 대부분 한국어가 서툴거나 자신의 의사를 표현하는 데 어려움이 있기 때문이다. 반면, 한국에서 온 지 얼마 안 된 아이들은 부모 옆에 껌처럼 붙어 앉거나 그런 아이들끼리 LOL 게임과 같은 이야기를 나누고 있었다.

그런데 한국 아이, 한국 이민자 아이, 시민권자 아이들이 젠더와 언어라는 요인으로 분류되어 서로 이합집산하듯 한국에 있는 다문화 청소년도 그렇다. 리서치를 진행하기 위해 다문화 대안학교와 다문화 예비학교에서 참관하다 보면 비슷한 현상이 나타난다. 점심시간 식당에 가면 이곳은 베트남계 학생이 밥 먹는 테이블*, 저곳은 러시아계 학생이 모여 앉는 테이블 이런 식으로 나뉜다. 물론 러시아계 학생 테이블에는 러시아 학생 이외에도 우즈베키스탄과 같이 러시아어를 사용하는 독립국가연합 출신 학생이 포함된다. 그런데 중국계 학생 테이블은 여학생 테이블과 남학생 테이블로 나뉜다. 숫자가 많기 때문이다. 즉, 사용하는 언어로 무리를 1차 형성하고

---

* 한국으로 귀국한 후, 필자의 아들은 적응을 위해 다문화 예비학교에 한 달가량 다녔다. 아들은 예비학교에서 베트남 형을 잘 따랐고, 어느 날 점심시간에 베트남 테이블에 앉아 베트남 형이랑 이야기를 나누려고 했다. 급식을 몇 숟가락 먹지도 않았는데 베트남 출신 초등학생이 옆에 식판을 내려놓았다.
"형 베트남이야? 아니면 다른 자리로 가."
"나는 ○○ 형이랑 같이 밥 먹을 거야."
"베트남도 아니면서 왜 여기 있어. 다른 자리로 가."
실랑이가 벌어졌다. 베트남 형이 베트남어로 그 아이를 타일러서 마무리되었다. 엄마가 한국인과 결혼하면서 베트남에서 한국으로 오게 된 중도입국 다문화 학생이었던 그 두 아이 모두 지금은 한국 국적을 취득했다.

집단의 구성원이 많을 경우 젠더로 다시 2차 구분된다.

　　같은 학교에 다니는 다문화 학생도 베트남계 학생 집단과 중국계 학생 집단이 서로 소통을 할 때는 각 집단에서 한국어를 능숙하게 잘하는 아이가 서로 교신하여 각 집단의 리더 학생(보통은 나이 많은 형)에게 보고하고 의논하는 체계를 갖춘다. 리더 격인 나이 많은 형이 새로 입국한 신입생을 돌봐주고 학교의 규칙과 선생님의 성향 등을 알려주고 아르바이트 구하는 방법도 공유한다. 고등학교에 들어가서 대입을 준비해야 할 시기가 오면 외국인 전형과 다문화 전형을 통해 대학에 입학한 선배들이 전형 준비를 어떻게 할지 알려준다. 인종과 더불어 언어와 젠더가 다문화의 중요한 요인이라는 것을 다문화 학교를 참관해보면 저절로 알게 된다.

리멤버 노마 진 (Norma Jean)

성인이 외국어를 배우기는 쉽지 않지만, 어린아이는 외국어를 금방 배운다고들 한다. 아들은 1년 반 만에 또래 원어민의 평균 정도로 영어를 구사하는 것으로 판정받아 이민자녀로 구성된 ESOL 학급에서 일반 학급으로 옮겼다. 그런데 1년 후에는 또래 학생의 영어 수준보다 살짝 낮은 것으로 평가받았다. 다시 ESOL 학급으로 재배치되지는 않았지만 언어의 벽을 절감했다. 왜 아들은 낮은 평가를 받은 것일까?

아기가 모국어를 익히는 경우와 달리, 인생의 어느 시점에서 제2 언어(혹은 외국어)를 배우면 또래 아이들과 비슷한 (age-appropriate) 수준의 영어와 비교하게 된다. 또래 아이들은 원어민 부모와 대화하고 다양한 채널을 통해 세상과 소통하고 협상하면서 영어를 점차 정교하게 발달시킨다. 학령기 이민자녀의 경우, 언어 구사력이 조금씩 향상되고 있어도 동급생의 언어 수준은 성큼성큼 발달하고 있어서 격차가 벌어지는 경우가 발생한다. 기준점이 자꾸 높아지기 때문이다. 문화가 다르고 언어 구사력에서 차이가 벌어지면 청소년기에 사회적 관계를 형성하기 어려워지고 학교 내에서 투명인간처럼 고립되기도 한다.

이민자녀들은 집에서는 부모의 언어로 소통하고 학교에서는 공용어를 사용한다. 과거 서구사회는 이민자녀들이 공용어를 잘 배우기 위해서는 가정에서 본국어를 사용하는 것이 해롭다고 여겼다. 그러나 이중언어 사용에 대한 연구가 축적되면서 가정에서 원어민이 아닌 부모와 영어·불어 등으로 소통하는 것이 언어 발달에도 도움이 되지 않을 뿐 아니라 인지 발달에도 도움이 되지 않는다는 것이 밝혀졌다. 또한 기본적인 의사소통을 위한 언어 구사력은 2~3년 걸리는 반면, 고급 수준으로 언어를 구사하는 데 5~7년이 걸린다는 것이 정설이다.*

풍부한 언어 입력과 사회적 상호작용을 통해 7년을 5년으로 기간을 줄일 수 있다는 뜻이기도 하다. 그래서 미국에

---

* 캐나다 언어교육자인 커민스(Jim Cummins)의 개념으로 언어를 기본적인 소통을 위한 언어인 'BICS(Basic Interpersonal Communication Skills)'와 고급한 인지를 위한 언어인 'CALP(Cognitive Academic Language Proficiency)'로 나누어 설명하였다. BICS를 위해 약 2~3년 기간이 걸리는 반면 CALP를 위해서는 5~7년 혹은 그 이상이 필요하다. 하쿠타(Hakuta)라는 학자가 멕시코계 이민자를 대상으로 연구한 결과에 의하면 BICS는 3~5년이 걸리는 반면 CALP는 약 8년이 걸린다고 발표하였다. 이스라엘로 이주한 유대인을 대상으로 진행된 연구에서 쇼하미(Shohamy)는 새로운 언어를 고급수준으로 읽고 구사하는데 7~9년이 소요된다고 주장했다.
각 학자마다 주장하는 기간은 차이가 있지만 언어를 고급 수준으로 구사하기 위해서는 기본 회화 수준보다 더 오랜 기간과 노력이 필요하다는 결론은 동일하다. 후일 커민스는 BICS와 CALP로 나누던 분류를 '교제를 위한 언어(social language)'와 '학문적 언어(academic language)'로 분류를 수정하였다.

머무는 동안 아이들이 고급수준의 한국어를 구사하도록 가정에서 한국어를 사용하게 했고 한국의 도서관 사이트에 가입하여 전자책(e-Book)을 대출해서 읽혔고 사회과부도의 주제도를 사용하여 주제별 그래픽 해독능력을 익힐 수 있도록 끊임없이 과제를 부여했다. 또한 고급수준으로 영어를 구사하기 위해서 원어민 부모처럼 소통과 협상을 가르쳐줄 수 있는 고학력 원어민의 도움을 받는 것이 좋겠다고 생각했다.

  내가 직접 도서관 게시판에 메모를 붙일 수도 있었지만, 아동학대와 범죄 등의 위험을 줄이기 위해서 도서관에서 독서교육을 담당하고 있는 리터러시(literacy) 코디네이터를 찾아갔다. 우리의 상황을 설명하고 아이들의 영어를 도와줄 자원봉사자를 매칭 시켜줄 것을 요청했다. 최종 리스트에 있는 분 중에서 대학을 졸업하고 도서관을 자주 이용하는 70대 할머니에게 부탁을 드렸다.

  처음에는 도서관에서 책을 읽으며 설명을 듣고 토론을 했다. 노마 진(Norma Jean) 선생님이 탬파대학에 다니던 시절 케네디 대통령이 방문한 추억을 들려주며 케네디 대통령에 관한 책도 읽었다. 차츰 선생님의 집에서 공부를 이어갔고 강아지와 함께 놀며 사냥개의 혈통을 공부하기도 하고 선생님이 아플 때는 약국에서 약을 타서 가져다 드리기도 했다. 가끔 인근 유적지로 여행을 가서 식민지풍의 건축물을 살펴보고 해산물 요리를 먹는 체험활동도 하였다. 아이가 버릇없는 행동을 하면 선생님은 타이르기도 하고 훈육도 했다.

그녀는 견고한 공화당 지지자였고 미국의 주류 WASP 문화의 가치를 존중하고 경찰의 지시를 무시하거나 폭력을 쓰며 저항하는 유색인종의 시위에 대해 단호하게 대처해야 한다는 입장을 보였다. 그럼에도 불구하고 그녀는 이민자와 함께 살아가는 공동체 시민의 모범을 보여주었다. 코리아에서 온 우리 가족이 추수감사절과 크리스마스에 외롭게 보낼 것을 걱정하여 매년 초대해주었다. 추수감사절에는 칠면조 고기와 캐서롤(casserole) 요리를 먹었다. 크리스마스가 되기 전 제임스 할아버지와 크리스마스 전등을 설치했고, 서로 '메리 크리스마스'를 속삭이며 성탄을 축하했다. 선생님은 내 볼에 키스를 하며, 다음 날 아이들과 함께 먹을 음식을 따로 싸주는 것도 잊지 않았다.

우리 가족이 귀국한 후, 일 년이 채 되지 않아 그녀의 부고를 접했다. '우리는 노마 진을 사랑했고 진심으로 감사했다'고 그녀의 가족에게 편지를 썼다. 외국에서 여러 해를 살면서 느낀 점은 어린아이도 외국어를 금방 배우기 어렵고, 학습 동기와 태도가 성숙한 어른도 쉽지 않다는 점이다. 그때를 추억할 때마다 노마 진 선생님을 떠올린다. 한국에서 새로운 인생을 시작하는 이주민을 보면 어떻게 고마움을 돌려줄 수 있을까를 생각한다.

언어 차별과
언어 권리

영어를 배워본 한국인이라면 외국어 배우기가 쉽지 않다는 것을 느꼈을 것이다. 『영어 단기간 완성』이나 『영어 3주 완성』과 같은 책이 있는 것은 그만큼 단기간에 완성하기 어렵다는 뜻이고, 『영어의 기술』, 『오리과장 영어로 날다』와 같은 책을 볼 수 있는 것도 업무상 영어가 필요한데 배우기 어렵고 나름의 공부 기술이 필요하기 때문이다.

　　　　서울시 공무원 연수를 담당한 직원으로부터 들은 바로는 외국어(영어) 온라인 강의가 가장 인기가 많다고 한다. 리더십 특강, 스피치 노하우, 국제 매너, 자존감 특강 등 다양한 연수과정이 개설되어 있지만, 출퇴근 시간에 앱 등으로 공부할 수 있는 영어 강의에 대한 요구는 식지 않는다고 한다. 서울시 공무원이 될 정도면 좋은 교육을 받았을 터이고 영어도 수준급으로 구사할 것이다. 그런데도 외국어(영어)에 대한 수요는 여전하다고 한다.

　　　　그렇다면 새로운 언어는 얼마나 배우기 어려운 것일까? 어린아이들은 외국어를 잘 배우는데 어른은 배우기가 어럽다고들 한다. '결정적 시기 가설(Critical Period Hypothesis)'은 언어학습에 연령이 결정적인 영향을 미친다고 주장한다. 보통은 그 시기를 12~13세 사춘기 전후로 보는 경향이 있다. 미국, 캐나다와 유럽의 경우 국제이주의 역사가 길고 이주민의 언어교육에 관련된 연구도 상당히 축적되어 있다. 연구에 따르면, 결정적 시기 가설은 '가설'일 뿐이며, 장삼이사들이 그렇게 느끼는 것일 뿐이라는 점이다. 물론 발음은 예외다.

  노암 촘스키(Noam Chomsky) 같은 언어학자는 인간은 언어습득 장치(LAD, Language Acquisition Device)를 장착하고 태어난다고 본다. 그 기능이 사춘기를 전후로 뇌의 특정 영역에 정착하면서 원어민과 같은 발음을 습득하기 어려워진다고 보고 있다. 외모뿐 아니라 인지 능력과 성격까지도 부모로부터 유전적 영향을 받지만, 언어는 철저히 문화적으로 학습된다. 부모가 구사하는 언어를 가정과 학교 등에서 배우지 않고도 유전의 영향으로 저절로 구사하는 경우는 없다. 발음 측면을 제외하면 사춘기가 지나서도 노력과 상황에 따라 외국어를 충분히 잘 배울 수 있다는 것이 정설이다.

  그렇다면 노력과 상황이 갖추어지면, 인간은 새로운 언어(발음 측면 제외)를 나이와 상관없이 잘 배울 수 있는 것일까? 인간을 대상으로 언어 습득에 관한 대규모 실험을 하기는 쉽지 않은데 이스라엘의 건국은 이에 대한 귀한 자료를 준다. 전 세계의 유대인이 중동 지역으로 이주하며 1948년 이스라엘이 건국되었다. 이스라엘 건국의 과정은 팔레스타인 지역에 유대인 정착촌을 건설하고 주변에 아랍어를 사용하는 무슬림 국가와의 전쟁을 치르는 과정이었다.

1948년 제1차 중동전쟁이 발발했을 때 이를 방어하기 위해 모인 이스라엘 군인들이 사용하는 언어는 17개가 넘어 서로 소통이 되지 않았고 작전을 수행하기 힘들 정도였다고 한다. 유대교와 애국심만으로는 국가를 건설할 수 없다고 판단하는 계기가 된 것이다. 전 세계에 흩어져 살던 유대인들은 사용하는 언어가 서로 달라 소통이 어려웠고 전 국민을 통합할 수 있는 언어를 국어로 사용하기로 하였다. 그들은 이미 수천 년 전에 죽은 히브리어를 다시 살려내어 전 국민이 교육받았다. 이를 언어 부흥(Language Revival)이라고 한다. 이스라엘에 정착한 유대인의 언어교육 결과표를 보면 34~35세 이상의 학습자들은 언어 학습에 어려움이 컸다고 한다. 35세를 넘어가면 언어 학습에 탄력을 잃어가는 듯하다.

아빠의 육아를 다룬 TV 프로그램 〈슈퍼맨이 돌아왔다〉를 보면 박주호 선수의 자녀들은 한국어와 영어와 독일어를 상황에 따라 구사하거나 섞어서 사용한다. 다문화 가정 자녀의 언어 사용을 잘 보여준다. 언어란 사회적 필요에 의해 배우는 것이고, 가족끼리 소통하기 위해 습득하는 것이다. 한국어를 배우기 전에 다른 언어를 배우면 인지적 문제가 생기고 정체성 혼란을 겪는다는 말을 하는 학자들이 요즘에도 있으려나. 한때 영어가 국제어로 부상하면서 영어 조기교육과 영어 학습 열기가 달아오를 때 국어 학자와 유·초등 교사들이 자주 하던 말이다. 논리도 부족하고 학문적 바탕도 없을뿐더러 근거로 제시하는 연구도 민속학적 통념을 부풀린 경우가 많다. 그들이 근거로 사용하는 이론이나 연구는 단일언어주의(Monolingualism)에 바탕을 두고 이주민의 모국어는 더 이상 사용하지 말라고 정책적으로 강요하던 시절의 것이다.

한국도 일제강점기 시절 학교와 공공기관에서 일본어를 공용어로 사용하고 한국어를 금지하던 시절이 있었다. 물론, 그런 금지에도 불구하고 한 언어가 통째로 사라지는 데는 여러 세대가 걸리기 마련이다. 그 과정에서 언어 공동체가 어떻게 대처하는가에 따라 소수 언어는 소멸하는 경우도 있고, 두 언어의 접촉(Language Contact)으로 새로운 언어가 생기기도 한다. 또 두 언어가 때와 장소에 따라 각각의 언어의 역할이 달라지는 경우 등 매우 다양한 언어 지형도가 펼쳐진다.

단일언어주의를 신봉하거나, 여러 언어를 배우면 정체성에 문제가 생긴다거나, 인지 발달이 늦어진다고 이야기하는 학자들은 학문의 외피를 쓰고 공개적으로 차별을 실행하는 것과 다를 바 없다. 영어, 독일어, 스페인어를 부모로부터 배워 자유롭게 구사하는 박주호 선수의 아내처럼 여러 언어를 구사하는 다중언어 구사자의 인지와 정체성에 문제가 있다고 말할 수 있을까? 혹은 그 자녀의 인지와 정체성에 문제가 있는 것으로 말할 수 있을까? 이주민(혹은 언어 소수자)과 그 가족의 언어 권리에 대한 침해이고 근거도 없이 차별하는 셈이다. 혹은 다문화 가정의 자녀는 두 개 이상의 언어를 배워도 되고 한국 아이는 어려서 영어를 배우면 안 된다고 하는 논리도 말이 되지 않는다. 조기 과학교육은 인지 발달에 문제가 없는데 조기 언어교육에는 예민하게 반응한다. 다문화 사회에서 어떻게 언어가 사용되는지 무지하면 학자들도 차별에 너무 당당해지는 것 같다.

제2 언어로
소통하기

"흡연 장소는 날개 위입니다. 흡연 중 감상하실 영화는 〈바람과 함께 사라지다〉 되겠습니다."

사우스웨스트항공사는 이와 같은 재미난 멘트를 내보내고 있는 것으로 유명하다. 승객에게 '흡연 금지' 혹은 '흡연 시 벌금' 등과 같이 안내하는 기존의 항공사와 사뭇 대비된다. 고객들은 지루할 수도 있는 비행 동안 재미난 안내방송을 들으면서 놀이공원에 온 것마냥 즐거운 여행이었다고 평가했다. 2020년 코로나19로 인하여 여러 항공사들이 도산하거나 어려움을 겪었지만 저가항공사인 사우스웨스트항공의 흑자를 설명해주는 부분이다.

사우스웨스트항공사는 오래전부터 유머와 고객만족을 결부시키는 경영전략으로 꽤나 유명하다. 직원을 채용할 때도 "유머를 사용해서 직장 내에서 일어나는 문제점을 해결해본 적이 있나요?"와 같은 면접 질문이 있을 정도이다. 그리고 실제 배우나 아마추어 스탠딩 코미디언을 승무원으로 채용하기도 했다. 아마 사우스웨스트항공을 이용하면, 비교적 저렴한 요금에 때때로 재미있는 농담으로 웃게 만들어주니 특별한 여행이 될 것이다.

그런데 이런 전략이 항공업계 전체에 새로운 표준이 될 수 있을까? 글쎄다. 외국인으로 타국에서 살아본 경험으로 의견을 보태자면, 나에게는 그다지 유쾌한 여행이 될 것 같지는 않다. 주위에서 모두들 웃고 있는데 나만 미처 따라가지 못해 웃지 못할 때 심리적으로 위축된다. 때로는 혼자서 오해를 한다.

'이 비행기에서는 날개 쪽 어느 지점에 흡연 장소가 정해져 있구나.'

'흡연실에서 고전영화까지 상영해주는 건가?'

유머란 그런 것이다. 언어 문화적 맥락을 잘 이해하는 원어민에겐 웃음을 주지만, 비원어민에게는 소외와 오해를 유발시킨다. 저가항공사의 비행기 좌석에 고단한 몸을 기대어 눈 좀 붙이려는데, 눈앞에서는 승무원이 스탠딩 코미디를 연출하고 여기저기서 킬킬거리는 웃음소리가 들리면 성가실 따름이다. 비원어민에게는 '비행기 날개 위에서 담배를 피우라'고 하기보다 '흡연 금지(No Smoking)'라고 직설적으로 알려주는 것이 좋다. 그것이 배려다. 조심스럽게 돌려서 말하거나 유머를 섞어서 말하거나 빠른 속도로 말하면 이주배경을 가진 외국인과의 소통에는 장애가 일어나기 십상이다. 여기서 끝이 아니다. 이렇게 스탠딩 코미디와 유머를 활용하는 경영방침을 가지고 있는 항공사에 외국인이나 이민자 가정에서 성장한

1.5세대 자녀들은 승무원으로 취업하기도 쉽지 않을 것이다. 외국인에게는 승객으로도 직원으로도 쉽지 않은 비행이 될 것이다.

과거와 비교하면 한국에 체류하는 외국인 주민이 증가했고 대학에는 외국인 유학생의 수도 빠른 속도로 증가했다. 한국어능력시험(TOPIK) 등으로 한국어 구사력을 검증받고 입학한 유학생을 지도할 때도 문화적 맥락이 들어간 부분은 표현을 바꾸어 반복적으로 설명해주어야 한다. 상대방의 얼굴을 쳐다보면서 빠르지 않은 속도로 직설적으로 말하는 것이 좋고, 가능하다면 키워드는 반복적으로 언급한다. 대화의 키워드를 노트와 칠판에 적어가면서 이야기하는 것이 소통에 도움이 되고 오해의 소지를 줄인다.

중요한 메시지는 의문문을 사용하면 오해가 생길 수 있으니 직설적으로 말하는 것이 좋다. "학번도 쓰지 않고 과제를 제출하면 되겠어요?"보다는 "과제를 제출할 때는 학번을 꼭 쓰세요!"라고 말하는 것이 좋다. 혹은, 주요한 메시지를 반복하고 국제어인 영어 등을 섞어서 "과제를 제출할 때는 학번을 꼭 쓰세요! 학번! student ID number!" 등으로 의사소통 하는 것도 고려할 만하다. 한국인은 10년 넘게 영어를 배우는 사람이 많기 때문에 외국어로 소통하면 어떤 마음이 드는지 아는 사람도 많다. 국제어로 여러 해에 걸쳐 배운 영어로 소통하는 것도 쉽지 않은데 낯선 땅 코리아에서 새로운 삶을 시작하는 이들이 느끼는 체감 정도는 더 클 것이다. 자신의 외국어

학습 경험을 바탕으로 한국에 온 이주민과 유학생의 마음을 헤아려보는 것은 어떨까?

푸에르토 리코와 제주도

 푸에르토 리코라는 지역은 세계 미인대회 방송에서나 가끔 들어보았을 뿐이다. 달나라처럼 멀게 느껴졌다. 어디에 있는 나라인지도 몰랐다. 그런데 다문화 사회인 미국의 언어정책을 공부하면 드물지 않게 등장한다. 자연스레 '푸에르 토리코'가 아니라 '푸에르토 리코(Puerto Rico)'라는 것도 알게 되었다. 한국인을 영어로 코리안(Korean)이라고 하듯이 푸에르토 리코 사람을 푸에르토 리칸(Puerto Rican)이라고 한다.

 1508년 스페인 정복자에 의해 정착촌이 건설되면서 푸에르토 리코는 역사에 등장하였고 스페인령으로 플랜테이션 농업을 거쳐 중개무역의 중심지가 되었다. 그러나 1898년 미국과 스페인 간의 패권전쟁에서 스페인이 패배한 후 미국령으로 남아 있다. 미국 영토 밖의 자치령이므로 하와이와 비슷할 것으로 여기는 사람들이 있을 테지만, 행정편제가 다르다.

 하와이는 1778년 탐험대에 의해 발견되었고 이후 미국 백인들이 정착하면서 여러 갈등을 거쳐 1897년 미국령이 되었다. 1959년에는 미국의 50번째 주로 승격되기에 이르렀다. 언어정책의 측면에서 분석하자면, 하와이 원주민의 언어가 점차 소멸되고 본토와 영어로 소통이 가능하고 문화적 차이가 이질감으로 거슬리지 않을 때가 되어서야 비로소 미합중국의 주(State)가 될 수 있었다. 현재 푸에르토 리코는 51번째 주로 승인받고 싶어 하지만 미국은 아직 본토와 동등한 자격을 부여하기에는 시기상조라고 판단한다. 푸에르토 리코 주민의 대부분이 스페인어만 사용하고 있어 영어로 소통이 어렵기 때문이다.

본토의 일부가 되지 못하였기 때문에 푸에르토 리코에 살고 있는 주민은 대통령 선거에 참여할 수 없다. 그러나 주민들은 미국 자치령이 된 후 미국 시민권을 부여받았고 자유롭게 본토 출입이 가능하기 때문에 인구 유출은 심하다. 400년간의 스페인 식민지 시절의 영향으로 라틴 문화가 강하게 남아 있다. 그러나 플로리다, 루이지애나, 알래스카 등도 독특한 문화가 강하게 남아 있었지만 영어로 소통하는 데 어려움이 없는 단계에 이르렀고 미합중국에 편입되었다.

이런 역사를 알게 되면 영어 단일 언어주의에 바탕을 두고 영어를 사용하는 미국인들이 스페인어를 사용하는 푸에르토 리코 주민을 언어문화적으로 차별하는 측면이 없지 않다는 것을 알게 된다. 또 한편, 현실에서는 영어 구사력이 뛰어난 푸에르토 리코인이 영어가 서툰 푸에르토 리코인을 무시하는 경향도 있다. 푸에르토 리코 사람이 가장 많이 살고 있는 곳은 당연히 플로리다 반도 아래 푸에르토 리코 섬이지만 이

지역을 제외하면 뉴욕에 가장 많이 정착해서 살고 있다. 뉴욕에 살고 있는 푸에르토 리코 사람들은 이미 그들만의 커뮤니티를 형성하고 있으며 'New York'과 'Puerto Rican'의 합성어로 '뉴요리칸(Nuyorican)'이라고 불린다.

박사공부를 하면서 신청한 '교사를 위한 상호문화의 이해'라는 과목에서 스페인어를 구사하는 푸에르토 리코 출신인 작가가 부모를 따라 뉴욕으로 이주 와서 학교에서 어떻게 소외되고 힘겨웠는지를 쓴 자전적 에세이를 읽었다. 영어로 진행되는 교과 수업을 따라가기도 어려웠고 무엇보다 교우 관계가 중요한 청소년기에 조용히 침묵할 수밖에 없었다고 한다. 학급의 친구들은 영어로 은어와 속어까지 사용하며 깔깔대는 그 틈바구니에서 투명인간으로 지낸다는 것은 괴로운 일이었을 것이다.

스페인어 통역이 절실하게 필요한 경우, 옆 반의 남미계 이민자녀가 와서 해결해주기도 했다. 그런데 영어만 사용하며 명랑하게 유창한 영어를 쓰며 학급을 휩쓸던 한 소녀가 실상은 가정에서 스페인어를 사용하는 푸에르토 리코 이민자 가정의 자녀, 즉 뉴요리칸이었다는 것을 알게 되었다. 그녀는 스페인어를 이해하지 못한 척했던 것이다.

"왜 스페인어를 모르는 척했니? 내가 영어 때문에 어려워할 때 네가 스페인어로 설명해줄 수 없었니?"

"스페인어를 할 줄 아는 바이링구얼(bilingual)이라는 게 알려지면 내가 이민자 가정 자녀라는 게 알려지잖아. 난 그러고 싶지 않아. 난 영어만 할 줄 알고 공식적으로는 스페인어를 모르는 것으로 되어 있어."

그 소녀는 단호했다. 스페인어로 인해 학교에서 자신이 사회적 지위가 낮아지는 것을 거부했다. 뉴욕에서는 뉴요리칸이 푸에르토 리코에서 온 이민자를 촌뜨기라고 깔보는 일이 드문 일은 아니었다. 반대로 푸에르토 리코 섬의 사람들은 뉴요리칸을 부역자 혹은 언어문화적 이탈자로 취급했고 섬에서 '뉴요리칸'은 경멸적 뉘앙스를 가졌다. 미국 본토에서 태어나 자라다가 다시 부모를 따라 푸에르토 리코 섬으로 돌아온 뉴요리칸 자녀들은 적응의 어려움을 겪었다. 그들은 영어 위주로 살아왔고 스페인어 구사력이 떨어지기 때문이다. 언어적 갈등으로 인한 문화적 풍속도는 참으로 다양하다.

원주민 문화, 스페인 라틴 문화에 이어 앵글로 미국 문화까지 섞여 있는 다문화 사회 푸에르토 리코 주민들의 약 90%는 스페인어만 구사할 수 있고 영어로 소통하거나 영어로 행정처리가 어렵다. 사실 수백 년 전 푸에르토 리코 사람들은 자기들만의 언어를 사용하였으나 스페인의 정복지가 되면서 스페인어가 유입되기 시작했다. 점차 유럽 정복자의 언어였던 스페인어는 정말로 그들의 언어가 되었다. 오랜 역사로 인해 현재 그들은 스페인어에 강한 정체성을 느끼고 있으며 영어의 위세에 눌려 소외와 차별을 겪고 있다. 언어정책 연구자들은 주민의 85~90%가 영어로 소통이 가능할 때 51번째 주로 미국 본토에 편입될 수 있을 것으로 전망한다.

비슷한 일이 한국의 역사에서도 발생했다. 현재 제주도는 류큐왕국의 해양문화와 탐라국의 전통에 이어 한국 본토문화가 정복자처럼 유입되어 독특한 문화지형을 보여준다. 언어적 측면에서 제주도 원주민은 제주어를 잃어간다. 젊은 세대는 제주어를 이해하지도 못하고 사용하지도 않고 제주도 젊은이의 인구 유출도 심각하다. 나이든 세대도 제주어와 한국어 두 언어를 구사하므로 본토와 한국어로 소통하고 행정 처리를 하는 데 어려움이 없다. 공식문서와 학교 교육에서 제주어의 자리를 찾기는 어렵다. 오랜 언어 동화주의의 영향으로 제주도 주민의 언어는 설 자리를 잃어가고 있다.

소수인종과 소수언어에 대한 미국의 언어정책을 알게 되면 그 역사적 차별을 비판하지 않을 수 없다. 또한, 여러 세기에 걸쳐 제주어에 대한 차별과 소외가 어떻게 진행되어 왔는지 알게 된다면 한국어 위주의 단일언어 정책도 일종의 차별임을 이해할 수 있다. 다른 나라의 언어 정책을 쉽게 비판하지만 한국의 언어정책을 들여다보면 마음이 심란해지는 것도 사실이다. 한국어를 구사하는 한국인은 '제주도도 한국이니 한국어를 쓰는 게 당연하다'고 생각할 수 있으나 유네스코는 제주어를 매우 심각한 소멸위기 단계에 있는 것으로 판단하고 언어다양성과 인권 측면에서 우려를 표하고 있다.

우리는 만주어가 어떻게 소멸했는지 언급하면서 언어

를 가지고 있어야 정체성을 이어갈 수 있다고 배웠다. 그런데 한국 내 소수 언어가 소멸해가도 표준어를 통한 '단일민족-단일언어-한겨레-한민족' 개념을 강조한다. 한국어를 사랑하는 사람들은 자신도 모르는 사이에 오랫동안 제주어를 소외시키거나 차별을 방임하고 있었던 셈이다. 유대민족이 이스라엘의 정체성을 위해 히브리어를 살려내어 배워 쓰듯이 제주어가 완전히 소멸하기 전에 언어 부흥 정책을 펼 수는 있다. 그러나 제주도 주민의 정체성을 찾기 위해 이제 어린아이들부터 제주어를 배우도록 학교에서 교과로 편성하여 가르치기도 이미 늦었다. 훈련된 제주어 언어 교사도 확보되어 있지 않고 교육과정 편제도 없는 실정이다. 제주도는 '푸에르토 리코'를 지나 이미 '하와이'가 되었다. 흔한 과정일 수 있지만 당연한 과정인지 모를 일이다.

나는 밀양에서 유년을 보냈고 이후 부산에서 살다가 미국을 거쳐 마흔이 훌쩍 넘어 중부권으로 이주하니 나의 말씨는 자주 도드라진다.

"이쪽으로 가면 지하철 3호선으로 연결됩니까?"

내가 서울 지하철역에서 물었을 때 나는 대답 대신 질문을 받곤 했다. 그것도 한두 번이 아니다.

"어머, 경상도에서 오셨나 봐요? 우리 친척도 거제에 사는데."

이럴 때는 질문을 다시 해야 하는지 그러려니 하고 넘겨야 하는지 모르겠다. 그래서 요즘은 길찾기 앱을 사용하고 웬만하면 길을 묻지 않는다. 그런데 집 근처 식당에서도 비슷한 일을 겪었다.

"짬뽕 하나 짜장면 하나 주시고 요리는 유린기 지금 되나요?"

"경상도에서 오셨나 봐유? 부산에서? 울산인가? 여기는 무슨 일로 오셨어유?"

"저녁 먹으러 왔어요."

어디건 언어적 정체성이 소외로 이어지는 일은 드물지 않다. 소수언어를 구사하는 사람들의 흔한 일상이다. 사실 푸에르토 리코나 달나라처럼 먼 것도 아니었다.

왜 부모 나라의 말을
배워야 할까?

방송인 유재석이 〈환불원정대〉에서 미국 교포 출신 제시에게 관용표현을 사용했다.

"혀를 내두르겠구먼."
그러자 제시는 어리둥절한 표정을 지으며 되물었다.
"혀? 혀를 내두른다고? 이거 좀 야한 말로 들린다."
"그게 아니라, 깜짝 놀라서 입이 벌어진다는 말이야."

그녀는 세상에 태어나서 처음 들어보는 말이라고 한다. 제시는 뉴욕의 한국계 가정에서 태어났고 15세가 되던 2003년 가족을 떠나 한국으로 왔다. 한국어로 랩을 하고 연예 프로그램에서 '쎈 언니'로 활발한 활동을 할 정도의 한국어 구사력을 가지고 있다.

미국의 교포가정에서는 부모와 자녀가 서로 영어로 의사소통을 하는 경우도 있고, 부모가 한국어로 질문을 하면 아이들은 영어로 대답하거나 영어와 한국어를 섞어서 의사소통을 이어가는 트랜스-랭귀징(Trans-languaging) 현상을 자주 관찰할 수 있다. 특정 언어의 경계는 무너지고 필요에 따라 여러 언어가 소환된다. 대화 도중에 다양한 언어 모드가 넘실대고 전통적인 언어 사용 방식은 의미를 잃는다.

엄마 : Jennifer, 한국에서 이모들이 온대. January 11th에 도착한대.
딸 : I love my 이모s so much. I cannot wait, Mommy.
엄마 : 한국에 전화해서 이모들이랑 통화해볼래? Okay, 지금 몇 시지?
딸 : Sure, 엄마. I'll check time in Korea.

이런 엄마와 딸의 대화를 보면, 엄마는 한국어를 주언어(Primary Language)로 사용하고 딸은 영어를 주언어로 사용하여 소통하고 있다. 한인 커뮤니티에서는 한 사람은 계속 한국어로 이야기하고 다른 한 사람은 계속 영어로만 이야기하는 경우를 흔히 보게 된다.
'아니 저렇게 서로 이야기가 될까?'
그런 생각이 드는데 당사자들은 그렇게 소통한다. 단일언어 사회에 가까운 한국에서는 드문 경우이다. 예전에는 이민자 가정에서 일어나는 이런 소통방식을 이민 자녀의 영어 발달을 저해하는 것으로 여겼다. 혹은 이중언어 사회에서 'I love my 이모s so much.'와 같은 발화를 과거에는 '중간언어

(Inter-language)' 혹은 '코드 스위칭(Code-Switching)'과 '코드 믹싱(Code-Mixing)' 등으로 명명하고 과도기적 현상으로 간주했다. 언어구사력이 충분히 발달하면 중간언어(혹은 코드 스위칭·코드 믹싱)는 사라진다고 보았고, 그런 오류가 고착되기 전에 반드시 교정해야 하는 것으로 생각했다. 그러나 현재 학계는 트랜스-랭귀징을 다문화 사회의 자연스러운 언어현상으로 받아들이고 있다. 'aunts'라는 복수형 영어 단어를 몰라서 '이모s'를 사용한 것이 아니라, '이모'를 정감 있는 명사로 차용한 것으로 긍정적으로 본다.

    미국에서 한국어 사용을 격려하는 한인 부모라도 자녀가 학령기에 접어들고 학교 공부를 따라가려면 가정에서는 한국어만 사용해야 한다는 신념을 지키기 어렵게 된다. 점차 자녀의 한국어 수준은 5~6세의 수준에서 멈추거나 퇴보하기 십상이다. 입말(Spoken Language)은 유·초등학생 수준을 유지하더라도, 한국어 책을 읽어 글말(Written Language)의 수준이 받쳐주지 못하면 한국어 문맹이 되기도 한다. 성인이 유치원생 수준의 한국어를 구사하는 경우도 많다. 한국어를 주로 구사하는 이민 1세대인 부모와 영어를 주로 구사하는 성인 자녀 사이에 깊은 대화는 쉽지 않다.

    한국계 이민자의 이런 언어문화적 현실을 한 세기 전에 이미 겪은 아시아계 이주민이 중국인이다. 중국인은 골드러시 시절 대륙횡단철도를 건설하기 위해 노동자로 미주지역으로 이주하기 시작하여 캘리포니아 등지로 꾸준히 유입되었다. 쿨리(Coolie)라고 불리던 중국 노동자는 백인 노동자보다 더 낮은 임금으로 일했다. 백인 노동자는 쿨리가 자신들의 일자리를 위협한다고 여겼고 여러 가지 차별적 법안을 통과시켰다. 1882년 중국 노동자의 유입을 막고 미국에 들어와 있던 중국 노동자에게 시민권을 주지 않도록 '중국인 배제법(Chinese Exclusion Act)'를 통과시켰다. 대부분 건장한 남성이었던 쿨리들은 가족결합권이 없어서 가족을 데려올 수도 없었고 결혼할 아가씨를 구하기도 어려웠다. 인종 간 결혼은 법으로 금지하고 있었기 때문에 미국 여성과 동거형태로 살거나 평생 결혼하지 못하고 죽는 중국인이 많아서 '총각귀신'이라는 별명도 붙었다. 노동자로 정착하기 어려워지자 중국인은 사업자가 되어 투자 이민으로 미국 사회에 정착하기 시작했다. 이른바 중식당이 미국 전역에 생기게 되었다.

　　이런 중국계 이민가정을 오랫동안 연구한 학자들(대부분 중국계 이민자)의 연구 성과는 우리에게 가르침을 준다. 젊은 부모는 밤낮으로 일하고 집안일과 육아는 조부모가 맡았다. 미국의 공립학교를 다니며 번화한 캘리포니아의 거리를 거쳐서 집으로 돌아와 보면, 중국식으로 살림을 하고 중국어만 사용하는 주름 진 중국인 할머니를 볼 때 이민자녀들이 어떻게 느꼈을까? 그들은 할머니와 자신들 사이에 놓인 수백 년간의 간극을 느끼곤 했을 것이다. 이민자녀들이 성장하면서 중국어만 사용하는 할머니와 중국어로 대화하기 어려웠고 할머니를 부끄러워하기도 했다. 청소년기에 접어들면서는 본국 문화를 상징하는 할머니를 이상하게 여기기도 하였다. 하루 종일 중식당과 비즈니스에 몰두하는 부모와는 대화할 시간이 부족하고 그래서 중국어도 제대로 배우지 못했다. 이민자녀가 비행을 저지른 경우도 많았고 학업에서 두각을 드러낸 경우도 많지만, 가정에서는 서로 소통하지 않았다. 연구에 의하면, 부모 나라의 말*을 익히지 못한 경우 자녀들은 엄마와 두런두런 수다를 떨지 못했다. 자녀들은 친구와 어울리며 거리를 배회했고 딸이 임신한 경우에도 엄마와 이런저런 이야기를 나누지도 못했으며 가족의 역할은 산산이 부서지기 일쑤였다.

2021년 봄 나는 부산시청에서 열린 다문화가족지원협의회에 참석했다. 한 결혼이민자가 말문을 열었다.

"엄마 나라의 말을 배우지 못하고 초등학교 고학년이나 중학생이 되면 더 이상 엄마랑 이야기를 나눌 수 없어요. 가정에서 꼭 가르쳐야 합니다."

그리고 어렸을 때 한국어를 먼저 배워 어린이집과 학교에서 적응을 한 다음 나중에 엄마 나라의 말을 가르쳐야겠

---

* 이민부모가 사용하는 언어를 계승어(Heritage Language)라고 한다. 새로운 나라에서 태어난 이민 2세 자녀의 경우 본국어(Native Language)라는 말이 적절하지 않기 때문에 계승어라는 용어를 사용한다. 이민자 가정 혹은 국제결혼 가정에서 자연스러운 언어 환경에서 가르치지 않으면 자녀가 부모의 언어인 계승어를 배우지 못하여 서로 소통이 어렵고 부모 나라와 인연이 끊어지는 경우도 많다. Heritage라는 단어가 머나먼 과거의 유산을 연상시키기 때문에 현재의 언어가 아니라 과거의 언어라는 느낌이 들게 한다는 점을 들어 학자들 중에는 '계승어'라는 용어보다 '커뮤니티 언어(Community Language)'라고 쓰자고 주장하는 경우도 있다.

4장 언어 다양성

다고 생각한 가정의 사례를 알려주었다. 아이가 초등학교 고학년이나 중학생이 되면 늦어서 더 이상 자연스럽게 배우고 가르칠 수 없게 되었다고 한다. 영어(혹은 북경어)가 아닌 경우 한국 사회에서 한국어의 위세를 뚫고 소수 언어를 배우는 것은 쉽지 않다. 엄마 나라의 말을 할 수 없게 되자 국제결혼 가정에서 태어난 것을 숨기기 시작한다.

주위의 친구들이 혹시라도 국제결혼 가정의 자녀라는 것을 알게 되어 엄마(아빠) 나라의 말을 해보라고 할 경우 반응은 두 가지다. 첫째는 그것을 다문화가족 자녀에 대한 모욕이나 놀림으로 받아들여 분노하는 것이다. 둘째는 더 이상 외국계 부모의 언어를 못하기 때문에 자신의 이중문화와 이중언어적 정체성을 증명할 수 없어서 자괴감을 느낀다. 엄마 나라의 말을 할 수 없으니 글로벌 역량이 떨어지고 국제결혼가정 자녀라고 당당하게 밝히기도 자신이 없어진 것이다. 스스로 정체성을 부인하는 존재가 되는 셈이다.

협의회에 참석한 전문가들은 한국어와 계승어를 구사할 수 있는 다문화가정의 아이들이 미래 사회의 인재로 활약할 수 있기 때문에 이중언어교육을 강화해야 한다는 데 동의했다. 그러나 나의 생각은 다르다. 한 가지 언어든 두 가지 언어든 언어를 잘 활용하는 인재가 되기 위해서는 인지적 역량과 더불어 언어 훈련을 필요로 한다. '밥 먹었니?' '오늘 숙제 다 했어?' '어머 여기 모기에 물렸구나.'와 같이 가족과 기본 소통(BICS)을 하던 외국인 말투의 언어구사력으로 고급 인력이 될 수 있을 것이라는 생각은 비전문가적인 순진한 생각이다. 고급한 언어 구사력(CALP)를 획득하여 언어적 자산이 역량으로 전이되려면 5~9년씩 시간과 노력이 필요하다. 그러므로 '글로벌 인재'라는 프레임보다는 엄마(혹은 아빠)와 '함께' 인생을 걸어간다는 관점으로 다문화가정 자녀의 언어 사용을 바라보았으면 한다.

이민가정
첫째 아이의 역할

20년 전 이야기를 꺼내 보겠다. 정신없이 대학원 1년이 지날 무렵이었다. '한국인의 밤(Korean Night)'에서 한국계 미국인 대학원생 유니스를 만났다. 한국 이름을 윤희라고 소개한 그녀는 나에게 제안을 했다. 서로 언어 버디(Buddy)가 되어 매주 만나서 나와 영어로 이야기를 나누고 자신은 한국어를 배우고 싶다는 것이다. 재미있는 경험이 될 것 같아 그러자고 했다.

유니스의 부모는 결혼해서 미국으로 이민을 왔고 기독교계 소수종파 한인 교회를 다녔다. 한인을 대상으로 떡집을 운영하며 경제적으로 안정된 축에 속했다. 유니스는 세 딸 중 둘째였고 수줍어하는 성격에 차림새는 꽤나 수수한 편이었다. 그녀는 한글 기역, 니은을 하나씩 쓰기 시작했고, 쉬운 낱글자는 한두 음절씩 읽을 수 있었다.

"Oh! 받침. Difficult해요."

"This 받침…. 음…. correct?"

만나는 내내 자주 들었던 말이다. 얼핏 보게 된 그녀의 한국어 노트는 삐뚤빼뚤 단어로 채워지고 있었다. 나의 한국어를 몇 마디 알아듣는 것 같기도 했으나, 주거니 받거니 말이 오가면 대개는 머릿속에서 길을 잃곤 했다. 이해되지 않는 것은 어린 시절부터 부모에게 배우거나 한인 교회의 한국어 교실에서 성경공부를 하면서 조금씩 익히면 되었을 것을, 이상하다 싶었다.

어린 시절 부모는 교대로 일을 했고 집에 있는 동안에는 잠을 자 두어야 했기 때문에 서로 차분하게 이야기를 해본 적이 없다고 했다. 고등학교 때까지는 미국 친구들과 어울렸고 집에서 자매들끼리 영어로 소통하면 되니까 생활하는 데 어려운 점이 없었다. 나이 들어 문득 주변을 둘러보니 무언가 허전하고 어느새 외톨이가 되어 있었다. 한국어를 못하는 외톨이 한국계 이민자. 그녀가 규정한 삶의 성적표였다.

한국어를 배워볼까, 하고 교재를 사기도 했고, 두어 번 시도했지만 그것으로 끝이었다. 한국어를 잘하고 싶었지만 절실하지는 않았다. 집에서는 언니가 부모와 한국어로 소통했고 부모를 대신하여 동생들을 돌보며 대개는 영어로 소통했다. 첫째 딸이 가족의 통역사였던 셈이다. 새로운 언어로 기본적인 의사소통이 가능해지기 위해서는 2~3년이 걸리는데 대개 이민자 가정의 부모는 생업에 종사하느라 새로운 언어를 배우기가 어렵다. 단순노동이나 본국 문화권과 관련되어 비즈니스를 하는 경우 더욱 어렵다. 아이들은 학교에 가기 때문에 어른보다는 언어에 더 많이 노출되고 원어민 교사와 상호작용하며 배려를 받으면서 새로운 언어를 상대적으로 빨리 받아들인다.

이민가정의 첫째 아이가 10세 전후가 되면서 부모와 함께 은행에 따라가서 은행 직원과 부모 사이에서 계좌 개설, 은행 상품, 대출 관련 업무 등을 돕기도 하고, 부동산 매입이나 임대차 계약에 동행하는 경우도 많다. 의료보험이나 자동차보험의 내용을 통역하고, 필요시에는 보험금 청구를 위한 업무의 일정 부분을 맡기도 한다. 가장 흔하게는 아픈 가족을 위해 병원에서 접수를 하고 의사의 진료내역과 수술과정을 통역하는 경우이다.

2019년 ○○꿈 장학재단의 지원을 받는 지역아동센터를 방문한 적이 있다. 그 지역은 1970~1980년대 공단이 많았고 공단 노동자를 대상으로 야학 등이 활발하던 곳이었다. 공단 노동자는 차츰 떠나고 슬럼화되어가던 무렵 내전을 피해 한국으로 온 시리아 난민가정이 정착하기 시작했다. 그래서 내가 방문한 지역아동센터에는 저소득층 자녀와 난민가정의 아동이 여럿 등록한 상태였다. 한글을 갓 배우기 시작한 난민 자녀도 더러 보였다. 그런데 초등학교 고학년쯤 되어 보이는 이국적인 얼굴의 남자 아이 한 명이 시리아 동생들을 챙기며 돌보고 있었다.

"저 아이는 몇 해 전 온 시리아 아이인데요. 나이가 이제 열두 살이에요. 시리아 이웃 사람 중 아픈 사람이 생기면 항상 저 아이가 병원에 가서 통역을 맡아요. 그런 날은 학교 수업을 빠지는 거죠. 저 아이가 제일 똑똑하고 시리아 언어와 한국어 모두 잘하니까 항상 바빠요."

"참 의젓해 보이네요."

"그럼요, 저 아이가 무슨 어려운 일이 생기면 주민 센터에 가서 통역하고, 동생들 돌보고 한글공부 챙기고 그래요."

센터의 한 교사가 귀띔을 해주었다.

이민가정의 첫째 아이의 이런 역할을 '가족 통역사(family translator)' 혹은 이민자 집단 내 '언어 브로커(language broker)'라고 한다. 첫째 아이는 이민자 가정의 통역을 맡으면서 부모의 고통을 낱낱이 알게 되고 자신의 판단이 의사결정의 순간에 미칠 영향까지 짊어진다. 그 아이들은 성숙하고 책임감 있게 자란다. 이민자 가정의 첫째 아이가 갖는 이러한 역할은 여러 연구에서 보고된 바 있다.

비슷한 이야기가 2021년 개봉한 영화 〈코다(CODA)〉에서 다뤄졌다. '루비'는 부모와 오빠가 청각장애가 있는 가정의 막내로 태어났다. 어부인 아버지와 오빠가 배를 타고 고기잡이를 할 때도 학교를 결석하고 함께 고기잡이배에 타야 했다. 교신을 하고 사고를 막기 위해 배에는 최소한 한 명의 청인(聽人)이 있어야 출항 허가를 받을 수 있기 때문이었다. 미처 씻지도 못하고 학교에 올라치면 생선 비린내 때문에 루비는 친구들에게 놀림을 받기도 한다. 그런 그녀가 합창단에 들어가면서 노래에 재능이 있다는 것을 발견하게 되고 버클리 음대에 입학할 수 있는 기회가 생겼다. 그러나 그녀가 떠난다는 것은 가족 통역사 없이 청각장애를 가진 가족만 남겨진다는 뜻이고 가족들은 고민에 휩싸이며 루비는 진학을 포기하게 되었다.

유니스의 언니는 한국 유학생과 사랑에 빠졌고 그는 박사학위를 취득하고 대학에 임용을 앞두고 있었다. 언니의 결혼은 가족 내 소통을 담당하던 통역사가 사라지는 셈이다. 가족은 시름에 빠졌고, 언니는 결혼을 포기하고 싶지 않았고, 유니스는 언니를 행복하게 떠나보내기를 원했다. 그녀의 한국어 도전은 그렇게 시작되었다.

오래된 이야기지만 이민과 난민 허용을 논의하는 한국이 귀담아들었으면 한다. 이민을 받아들이는 것과 새로운 정착지에서 가족과 함께 세대를 넘어 살아가는 것은 또 다른 자잘한 이야기들이 숨어 있다. 사실, 언어를 배운다는 것은 시간이 오래 걸리고 노력이 많이 필요한 반면 경제적 이득은 그리 크지 않을 수 있다. 그러나 이민 가정이나 국제결혼 가정의 첫째 아이가 독립할 즈음에 찾아올 가족의 위기를 잘 극복하기 위해서 이중언어교육의 필요성을 깨닫게 된다. 저 오래된 이야기가 우리의 미래에 반복되지 않았으면 한다.

에필로그

나는 국제결혼 가정의 혼혈 다문화 학생이 학교에서 교과와 함께 세 개의 언어(한국어, 계승어 및 영어)를 배우는 과정을 살펴보고 인종과 언어 발달을 통해 어떻게 정체성을 형성하는지 탐구하였다. 학위논문을 쓰기 위해 나름 여러 가지 노력을 했지만, 실제 다문화 예비학교에서 근무하며 많은 것을 배웠다. 생활비를 아끼고 모아서 학교 운영비로 사용하는 교장선생님을 때로는 이해할 수 없었다. 같이 근무하던 다문화 학교 선생님의 헌신은 때로는 감동스럽지만 때로는 바보스러워 보였다. 이해하기 어렵고 바보스러운 그들은 말없이 최선을 다했다.

코로나19 팬데믹이 휘몰아칠 때 교회와 교육청과 임대인을 어떻게 이해해야 할까, 고민스러웠다. 우리는 그들에게 서운할 수 있지만 비난할 수 없었다. 또 다른 교회에서 한 달간 장소를 제공해주었다. 익명을 요구한 후원자가 나타났고, 언론사가 도와주었고 경찰청 외사과도 애써주었다. 현실은 냉정하지만 또한 따뜻하다. 서로 어울릴 것 같지 않은 것들이 현실에서는 길항하지 않고 곁을 내준다. 그게 다문화 사회 아닌가.

이 책은 다문화 교육, 문화 다양성, 인종 다양성, 언어 다양성으로 가는 산책길을 독자들과 함께 걸어가며 현실을 통해 이론을 이해할 수 있도록 안내하였다. 다문화-이중언어 교육학을 전공한 나의 이야기를 들으며 한국 사회로 유입되는 외국인 주민에 대한 인식에 자그마한 변화가 생기고 외국인 정책과 다문화 교육에 대한 관심으로 모아지기를 기대해 본다.

나는 미국으로 이주하며 문화충격으로 나의 삶이 뿌리째 흔들리는 것을 느꼈다. 어린 시절부터 살았던 터전 부산을 떠나 몇 해 전 새로운 직장을 찾아 충청북도에서 새 삶을 시작하는 것도 고통스러웠다. 낯선 곳에서의 일상은 불편하고 인구가 적은 지방의 황량함을 조금씩 느끼며 내 생활은 흔들거렸다. 그렇게 나는 흘러들어 온 이방인이었다. 이주는 삶의 뿌리가 통째로 뽑혀 나가기 때문에 매우 고통스럽다. 국경을 넘어 한국 사회로 들어오는 이들에게 말하고 싶다. 현실은 고통스러운데 또 그럭저럭 살 만하다고. 같이 한번 살아보자고.

노마 진 할머니는 이민자에게 그리 호락호락하지 않은 공화당을 지지했다. 견고한 공화당 지지자였던 노마 진 할머니와 제임스 할아버지는 코리아에서 온 우리 가족에게 친절을 보여주었다. 나는 그들의 최선을 보았다. 나는 노부부에게서 다문화 교육의 지평을 연 제임스 뱅크스가 말했던 세계시민의 양식(良識)을 엿보았다. 그들은 바르게 살았고 존경받을 수 있음을 보여주었다.

땡큐, 노마 진 & 제임스.

PS. 독자 중 누군가는 눈치챘을지 모르지만, 나는 이 책에서 '우리나라'라는 말 대신 '한국'이라고 쓰고 있다.